中国式现代化"六观"丛书

丛书主编 姜 辉

中国式现代化的
文明观

辛向阳 张小平
/
著

重庆出版集团 重庆出版社

图书在版编目(CIP)数据

中国式现代化的文明观 / 辛向阳, 张小平著. —重庆: 重庆出版社, 2023.12 (2024.12重印)
ISBN 978-7-229-18097-3

Ⅰ.①中… Ⅱ.①辛… ②张… Ⅲ.①社会主义精神文明建设—研究—中国　Ⅳ.①D648

中国国家版本馆CIP数据核字(2023)第191935号

中国式现代化的文明观
ZHONGGUOSHI XIANDAIHUA DE WENMINGGUAN
辛向阳　张小平　著

责任编辑：卢玫诗　夏则斌
责任校对：朱彦谚
装帧设计：刘沂鑫

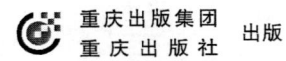

重庆出版集团
重庆出版社 出版

重庆市南岸区南滨路162号1幢　邮政编码：400061　http://www.cqph.com
重庆出版社艺术设计有限公司制版
重庆天旭印务有限责任公司印刷
重庆出版集团图书发行有限公司发行
E-MAIL:fxchu@cqph.com　邮购电话:023-61520646
全国新华书店经销

开本:787mm×1092mm　1/16　印张:14.25　字数:186千
2023年12月第1版　2024年12月第3次印刷
ISBN 978-7-229-18097-3
定价:50.00元

如有印装质量问题，请向本集团图书发行有限公司调换:023-61520678

版权所有　侵权必究

中国式现代化"六观"丛书编委会

主　编　姜　辉
副主编　曹清尧　曾维伦　马然希　陈兴芜
编　委（以姓氏笔画排序）
　　　　　田鹏颖　冯颜利　李　斌　别必亮　辛向阳
　　　　　宋月红　张小平　张永生　张永和　林建华
　　　　　周　进　徐久清　龚　云

为世界现代化理论与实践创新提供中国智慧

——中国式现代化"六观"的独特价值与贡献

姜 辉

概括提出并深入阐述中国式现代化理论，是我们党的重大理论创新，是科学社会主义的最新重大成果，极大丰富和发展了世界现代化理论。中国式现代化的成功开辟，走出了人类现代化历史上前所未有的新路，为世界各国提供了全新选择，这是人类发展历史上具有划时代意义的重大事件。中国式现代化对于世界现代化理论与实践创新的重大价值，对于人类社会发展的重大意义，会随着实践发展和时间推移越来越显现出来。

只有民族的才是世界的，只有引领时代才能走向世界。正如习近平总书记指出的："中国式现代化，深深植根于中华优秀传统文化，体现科学社会主义的先进本质，借鉴吸收一切人类优秀文明成果，代表人类文明进步的发展方向，展现了不同于西方现代化模式的新图景，是一种全新的人类文明形态。中国式现代化，打破了'现代化=西方化'的迷思，展现了现代化的另一幅图景，拓展了发展中国家走向现代化的路径选择，为人类对更好社会制度的探索提供了中国方案。"①实践证明，中国式现代化走得通、行得稳，是强国建设、民族复兴的必由之路，是促进世界发展进步、为人类文明作出更大贡献的伟大创造。

一

实现现代化是近代以来中国人民矢志奋斗的梦想。中国共产党百余年来团结带领中国人民追求民族复兴的历史，也是一部不断探索现代化道路的历史。在新中国成立以来，特别是改革开放以来长期探索和实践基础上，经过党的十八大以来在理论和实践上的创新突破，中国共产党成功推进和拓展了中国式现代化。中国式现代化走出了人类历史上史无前例的实现现代化的新路，具有鲜明特征和独特优势。中国式现代化，是人口规模巨大的现代化，是全体人民共同富裕的现代化，是物质文明和精神文明相协调的现代化，是人与自然和谐共生的现代化，是走和平发展道路的现代化。中国式现代化切合中国实际，既体现了社会主义建设规律，也体现了人类社会发展规律。

一是充分发挥中国共产党领导和中国特色社会主义制度的显著优势。习近平总书记指出："'中国式现代化，是中国共产党领导的社会主义现代化。'这是对中国式现代化定性的话，是管总、管根本的。"②中国特色社会主义最本质的特征是中国共产党领导，中国特色社会主义制度的最大优势是中国共产党领导。党

---

① 《习近平在学习贯彻党的二十大精神研讨班开班式上发表重要讲话强调　正确理解和大力推进中国式现代化》，《人民日报》2023年2月8日。
② 习近平：《中国式现代化是中国共产党领导的社会主义现代化》，《求是》2023年第11期。

的领导直接关系中国式现代化的根本方向、前途命运、最终成败。中国共产党的领导和中国特色社会主义制度超越了西方关于市场与政府、国家与社会、集中权威与民主自由、公共领域与私人领域等机械的对立两分，形成了经济快速发展、社会和谐稳定、改革活力充沛等显著优势。这种优势不仅为如何实现现代化提供了成功经验，而且与一些发展中国家在现代化进程中遭遇的政治混乱和社会动荡形成了强烈而鲜明的对比。中国式现代化，从中国特殊的历史、国情和文化出发，注重发挥社会主义制度能够集中力量办大事的政治优势，调动一切积极因素，形成实现现代化的共同意志、共同目标、共同行动。无论是建立独立的比较完整的工业体系和国民经济体系，还是独立自主研制出"两弹一星"；无论是应对现代化进程中的一系列重大风险挑战，还是完成脱贫攻坚的艰巨任务，无不需要发挥举国体制优势，无不需要确保全国上下步调一致、集中力量、协同攻关。我们党坚持和完善中国特色社会主义制度，不断推进国家治理体系和治理能力现代化，为中国式现代化稳步前行提供了坚强的制度保证。

二是以实现人的全面发展和全体人民共同富裕为现实目标。习近平总书记强调："我们追求的发展是造福人民的发展，我们追求的富裕是全体人民共同富裕。"[①]中国式现代化是全体人民共同富裕的现代化，这是中国式现代化区别于西方现代化的显著标志。西方现代化的最大弊端，就是以资本为中心而不是以人民为中心，追求资本利益最大化而不是服务绝大多数人的利益，导致社会鸿沟拉大、两极分化严重、阶层凝滞固化。中国共产党坚持把人民对美好生活的向往作为奋斗目标，坚持以人民为中心的发展思想，着力保障和改善民生，让中国式现代化建设成果更多更

---

① 习近平：《在中共中央召开的党外人士座谈会上的讲话》，《人民日报》2015年10月31日。

公平地惠及全体人民，坚决防止两极分化。不断创造人民美好生活、逐步实现全体人民共同富裕，是新时代中国特色社会主义的鲜明特征。党的二十大明确了到2035年基本实现社会主义现代化时，人的全面发展、全体人民共同富裕取得更为明显的实质性进展。把全体人民共同富裕作为建设社会主义现代化强国的重要内容，是中国式现代化先进性和优越性的重要体现。

三是走和平发展道路，既发展自身又造福世界。习近平总书记指出："中国共产党坚持一切从实际出发，带领中国人民探索出中国特色社会主义道路。历史和实践已经并将进一步证明，这条道路，不仅走得对、走得通，而且也一定能够走得稳、走得好。我们将坚定不移沿着这条光明大道走下去，既发展自身又造福世界。"[①]中国共产党始终坚决反对帝国主义、殖民主义、霸权主义和强权政治，反对不平等的国际政治秩序，始终与广大发展中国家站在一起。新中国成立70多年来，中国没有主动挑起过任何一场战争和冲突，没有侵占过别国一寸土地，是唯一将和平发展写入宪法和执政党党章、上升为国家意志的大国。而西方国家的现代化，充满战争、贩奴、殖民、掠夺等血腥罪恶，给广大发展中国家带来深重苦难。中华民族经历了西方列强侵略、凌辱的悲惨历史，深知和平的宝贵，决不可能也决不会重复西方国家的老路。无数事实表明，中国式现代化道路完全超越"国强必霸"逻辑和"修昔底德陷阱"对抗，完全不同于资本主义国家的那种通过"血与火""剑与枪"的殖民掠夺和侵略战争手段开拓的现代化道路。

总之，中国式现代化是物质文明、政治文明、精神文明、社

[①] 习近平：《加强政党合作 共谋人民幸福——在中国共产党与世界政党领导人峰会上的主旨讲话》，《人民日报》2021年7月7日。

会文明和生态文明协调发展的现代化，创造了人类文明新形态。中国式现代化道路的成功开辟，不仅为人类提供了一条现代化崭新道路、模式和方案，而且为人类文明发展进步作出了重大贡献。

二

习近平总书记指出："中国式现代化蕴含的独特世界观、价值观、历史观、文明观、民主观、生态观等及其伟大实践，是对世界现代化理论和实践的重大创新。"①这一重大论断，从根本性、基础性、整体性、历史性上深刻揭示了中国式现代化的理念、观念、价值，以及世界观方法论，展现了中国式现代化不同于西方现代化模式的新内容、新特征、新图景。

中国式现代化蕴含的独特"六观"，是对西方现代化理论和实践的重大超越。从根本上说，西方现代化由于受资本主义制度及其基本矛盾的根本性局限，无法克服资本至上、弱肉强食、两极分化、霸道强权的本性和固有弊端。而中国式现代化在世界观、价值观、历史观、文明观、民主观、生态观上对西方现代化的超越，为世界现代化理论和实践创新作出了原创性贡献。比如，中国式现代化形成了人类命运与共、和平发展、合作共赢的世界观，在坚持维护世界和平与发展中谋求自身发展，又以自身发展更好维护世界和平与发展，倡导和平、发展、公平、正义、民主、自由的全人类共同价值，推动构建人类命运共同体。比如，中国式现代化坚持以人民为中心的价值观，以实现人的自由

---

① 《习近平在学习贯彻党的二十大精神研讨班开班式上发表重要讲话强调　正确理解和大力推进中国式现代化》，《人民日报》2023年2月8日。

全面发展为最终目标，追求人民至上的价值导向，以满足人民日益增长的美好生活需要为出发点和落脚点，让现代化建设成果更多、更公平惠及全体人民，不断增强人民群众的获得感、幸福感、安全感。比如，中国式现代化坚持人类历史不断进步、最终实现人的全面发展和彻底解放的历史观，认为人类历史发展是生产力与生产关系、经济基础与上层建筑相互作用的结果，资本主义不是人类历史的"终结"，而是人类社会历史发展的特定阶段，必然被更高的社会形态所取代。中国式现代化为中华民族伟大复兴开辟了广阔前景，也为人类对更好社会制度的探索，对人类解放、"美美与共，天下大同"提供中国方案。比如，中国式现代化倡导尊重文明多样性的文明观，坚持文明平等、互鉴、对话、包容，以文明交流超越文明隔阂、文明互鉴超越文明冲突、文明包容超越文明优越，彰显了独特而鲜明的文明观，是马克思主义文明观在新时代中国的创造性展现。比如，中国式现代化坚持全过程人民民主的民主观，主张广大人民群众共同管理国家和社会事务，反对建立在资本逻辑基础之上的虚假民主，反对服务于少数有产者的民主，展现了对民主这一全人类共同价值的全新理解，超越了当代西方民主，开辟了人类政治文明发展新境界。比如，中国式现代化坚持人与自然和谐共生的生态观，倡导尊重自然、顺应自然、保护自然，反对只讲索取不讲投入、只讲发展不讲保护、只讲利用不讲修复，深化了对生态文明发展规律的认识，继承和创新了马克思主义人与自然关系理论，极大丰富和拓展了马克思主义自然观和生态观。总之，中国式现代化蕴含的这些内涵丰富、内蕴深刻的理念观念和价值追求，集中彰显了中国式现代化的鲜明特征和独特优势，也为世界现代化理论和实践的重大创新提供了中国智慧和中国方案。

三

为帮助广大读者全面准确把握中国式现代化蕴含的独特世界观、价值观、历史观、文明观、民主观、生态观及其伟大实践，我们策划出版了"中国式现代化'六观'"丛书，从六个主题出发，也是从六个维度分别侧重研究中国式现代化，同时又形成密切联系、相互贯通的整体学理阐述，旨在讲清楚中国式现代化的理论和实践创新，讲清楚其鲜明特征、独特优势和重要价值、重大贡献，兼顾学理性和通识性，既是学术探讨，也是理论读物。

这套丛书具有鲜明特点。一是注重科学性。坚持唯物史观和大历史观，论从史出，史论结合，保证理论阐释的严谨性和史实叙述的准确性。二是注重权威性。坚持正确的政治方向、学术导向、价值取向，依据权威史料，传播富有说服力和感染力的中国理论、中国理念、中国价值。三是注重实践性。坚持解放思想、实事求是、守正创新，着眼于解决新时代改革开放和社会主义现代化建设的实际问题，得出符合客观规律的科学认识。四是注重前沿性。聚焦党和国家事业发展的重点、热点、焦点问题，深刻回答中国之问、世界之问、人民之问、时代之问，反映研究最新动态。五是注重创新性。在理论阐释、史料运用或历史叙事方面有新意，既把握宏观、讲清过程，又阐述经验、揭示规律。六是注重鲜活性。以精练适当的篇幅、通俗易懂的语言、鲜活生动的案例，向广大读者说清讲透中国式现代化蕴含的独特"六观"的深刻内涵和重大意义。

这套丛书具有重要的政治意义和理论价值。党的十八大以来，习近平总书记围绕中国式现代化发表一系列重要论述，立意高远，内涵丰富，思想深刻，进一步深化对中国式现代化的内涵和本质的认识，概括形成中国式现代化的中国特色、本质要求和重大原则，构建起中国式现代化的理论体系，使中国式现代化的图景更加清晰、更加科学、更加可感可行，对于深入研究、阐发中国式现代化理论具有十分重要的指导意义。这套丛书通过理论层面阐释中国式现代化蕴含的独特"六观"，有助于在生动的中国式现代化实践中构建出系统的理论图景，有助于体系化、整体化把握中国式现代化理论，有助于增进对党的创新理论的政治认同、思想认同、理论认同、情感认同。

  这套丛书也具有重要的实践意义和现实价值。党的二十大明确指出，从现在起，中国共产党的中心任务就是团结带领全国各族人民全面建成社会主义现代化强国、实现第二个百年奋斗目标，以中国式现代化全面推进中华民族伟大复兴。全党要坚持党的基本理论、基本路线、基本方略不动摇，坚定道路自信、理论自信、制度自信、文化自信，坚持独立自主、自力更生，坚持道不变、志不改，既不走封闭僵化的老路，也不走改旗易帜的邪路，坚定不移走好自己的路，心无旁骛做好自己的事，坚持把国家和民族发展放在自己力量的基点上，坚持把中国发展进步的命运牢牢掌握在自己手中。这套丛书有助于从多维角度展现以中国式现代化全面推进中华民族伟大复兴的伟大实践，着重论述阐释中国式现代化基于我国国情的鲜明特色、独特优势和实践要求，有助于增强人们在党的领导下坚定不移走中国式现代化道路的自觉自信，坚定不移沿着中国式现代化道路奋勇开拓前进。

目 录

为世界现代化理论与实践创新提供中国智慧
——中国式现代化"六观"的独特价值与贡献　姜　辉 /1

导　论
中国式现代化蕴含独特的文明观 /1

第一章
在中华文明沃土中植根 /15

一、民族精神的底色 /17
（一）承载了中华民族孜孜不倦的精神追求 /17
（二）为中国式现代化提供强大精神动力 /21
（三）坚持中国道路必须弘扬中国精神 /27

二、中华文明的形塑 /31
（一）中华文明的独特智慧与科学社会主义基本原理高度契合 /31
（二）中华文明的精神特质构成了中国道路的深厚文化底蕴 /36
（三）中华文明的思想精华为中国式现代化提供了宝贵资源 /41

三、"何以有为"：中国式现代化中的中华文明 /47
（一）创造性转化和创新性发展 /47

（二）中华文明获得新的时代内涵 /49

（三）文明之光点亮复兴之路 /53

第二章
在世界文明中绽放异彩 /59

一、一花独放不是春，百花齐放春满园 /61

（一）人类文明的多样性 /62

（二）人类文明的融合发展 /65

（三）中华文明的突出特性 /68

二、现代化≠西方化 /71

（一）现代化是人类文明的深刻变革 /72

（二）西方现代化：历程与局限 /77

（三）中国现代化：探索与意义 /80

三、和而不同的中华文明 /84

（一）古丝绸之路对外来文明的吸收借鉴 /85

（二）中华文明向外传播深刻影响了其他文明 /87

（三）中外文明交流促进了中华文明的不断发展壮大 /91

第三章
"两个文明"协调发展 /95

一、何为"两个文明"？ /98

（一）"两个文明"是辩证统一的 /99

（二）资本逻辑下"两个文明"是扭曲的 /103

（三）"两个文明"协调发展是社会主义的本质要求 /106

二、目标：物质富足、精神富有 /110

（一）既要经济强，也要文化强 /111

（二）既要富口袋，也要富脑袋 /116

（三）既要硬实力，也要软实力 /120

三、中国式现代化的助推剂 /123

（一）夯实物质文明基础 /124

（二）弘扬中华优秀传统美德 /126

（三）用社会主义核心价值观引领精神文明建设 /131

（四）促进人的全面发展 /135

第四章
"五大文明"全面提升 /139

一、内涵与实践 /142

（一）物质文明是中国式现代化的物质基础（肌体） /142

（二）政治文明是中国式现代化的政治保障（骨骼） /143

（三）精神文明是中国式现代化的精神支撑（心灵） /145

（四）社会文明是中国式现代化的社会条件（精神） /148

（五）生态文明是中国式现代化的生态前提（容颜） /150

二、关系与形成 /154

（一）人类文明是由"五大文明"共同构成的有机体 /155

（二）"五大文明"协调发展是中国式现代化道路的鲜明特征 /156

（三）"五大文明"协调发展体现了中国式现代化新道路发展指向 /157

（四）"五大文明"协调发展是建设社会主义现代化强国的根本途径 /159

三、发展目标：全面提升 /160

（一）新发展理念推动高质量发展（物质文明）/160

（二）"中国之治"开创人类政治文明新境界（政治文明）/162

（三）"站在时代前沿，引领风气之先"（精神文明）/164

（四）以人为本共创共享高品质生活（社会文明）/166

（五）从绿水青山中看美丽中国（生态文明）/168

第五章
创造人类文明新形态 /171

一、相伴而生——现代化与文明新形态 /173

（一）现代化是文明新形态的生成载体 /176

（二）文明新形态是现代化的必然结果 /180

二、"三个超越" /183

（一）以文明交流超越文明隔阂 /183

（二）以文明互鉴超越文明冲突 /187

（三）以文明共存超越文明优越 /189

三、人类文明新形态的历史地位和世界意义 /192

（一）超越资本主义文明 /192

（二）为世界其他国家现代化文明探索提供经验和智慧 /198

（三）拓展了实现全人类共同价值的路径 /202

（四）丰富和发展人类文明新形态，为人类文明进步事业作出更大贡献 /204

后　记 /207

导 论

中国式现代化蕴含独特的文明观

中国式现代化是在中国这片土地上产生的现代化，它既有现代化的一般特征，更具有中国特色，是以中华文明5000多年发展史为底蕴的现代化。中国式现代化使古老的中华文明拥有了现代化力量，大大提升了中华文明在世界文明中的地位，改变了中国人民的物质生活和精神生活，向世界展现出新时代中华文明的风采。同时也表明，中国式现代化不是消灭、中断古老文明的现代化，不是移植他国的现代化，不是西方化，而是中华文明赓续、更新的现代化。正如习近平总书记所强调的那样："中国式现代化，深深植根于中华优秀传统文化，体现科学社会主义的先进本质，借鉴吸收一切人类优秀文明成果，代表人类文明进步的发展方向，展现了不同于西方现代化模式的新图景，是一种全新的人类文明形态。"①中国式现代化作为人类文明新形态，致力于推动文明交流互鉴，为人类文明进步作出独特贡献。

一、形成历程

实现现代化是近代以来中国人民矢志奋斗的目标。中国共产党100多年团结带领中国人民追求民族复兴的历史，也是一部不断探索现代化道路的历史。经过数代人不懈努力，我们终于探索出了中国式现代化道路。中国式现代化蕴含的独特文明观，是在中国共产党领导现代化建设过程中逐步形成和完善的。

---

① 《习近平在学习贯彻党的二十大精神研讨班开班式上发表重要讲话强调　正确理解和大力推进中国式现代化》，《新华日报》2023年2月8日。

（一）1949—1977年，是中国现代化建设的探索和起步阶段，为文明观的形成奠定了基础

第一，确立生产资料公有制，为社会主义物质文明打下制度基础。第二，确立社会主义性质的国体和政体，为社会主义政治文明打下制度基础。第三，传承中华民族艰苦奋斗、自力更生的精神传统，形成社会主义集体主义的精神文明风尚。第四，提出全面实现农业、工业、国防和科学技术四个现代化的战略目标。

（二）1978—2012年，是中国现代化建设的改革发展阶段，文明观在逐步形成并拓展

第一，1979年3月，邓小平明确指出："过去搞民主革命，要适合中国国情，走毛泽东同志开辟的农村包围城市的道路。现在搞建设，也要适合中国国情，走出一条中国式的现代化道路。"第一次提出"中国式现代化"这个新概念，强调社会主义现代化的中国特色。第二，重新认识和把握市场经济和社会主义的关系，认同多元化的市场主体依然是社会主义建设者。党的十四大明确我国经济体制改革的目标，就是建立社会主义市场经济体制。社会主义市场经济解放了生产力，为中国式现代化的物质文明建设激发和释放了巨大活力。第三，党的十二大提出物质文明与精神文明"两手抓，两手都要硬"的战略方针。1986年9月，党的十二届六中全会制定了《中共中央关于社会主义精神文明建设指导方针的决议》，1996年10月，党的十四届六中全会通过了《中共中央关于加强社会主义精神文明建设若干重要问题的决议》，精神文明成为中国式现代化建设的重要组成部分。第四，2002年，社会主义政治文明被正式写入党的十六大报告中。第五，2006年10月，党的十六届六中全会通过了《中共中央关于构建社会主义和谐社会若干重大问题的决定》，社会文明成为中国式现代化建设的重要组成部分。

（三）2012年党的十八大以来，随着中国特色社会主义进入新时代，中国式现代化蕴含的独特文明观进入完善成熟阶段

第一，2012年11月，党的十八大报告提出，把生态文明建设放在突出地位，融入经济建设、政治建设、文化建设、社会建设各方面和全过程，生态文明成为中国式现代化建设的重要组成部分。第二，2012年11月，党的十八大报告提出，倡导富强、民主、文明、和谐，倡导自由、平等、公正、法治，倡导爱国、敬业、诚信、友善，积极培育和践行社会主义核心价值观。核心价值观是社会主义现代化国家的价值目标，同时也是中国式现代化建设中物质文明、政治文明、精神文明、社会文明、生态文明五大文明建设的价值指引。第三，2013年4月，习近平总书记在博鳌亚洲论坛2013年年会上的主旨演讲中指出，"海纳百川，有容乃大"。我们应该尊重各国自主选择社会制度和发展道路的权利，消除疑虑和隔阂，把世界多样性和各国差异性转化为发展活力和动力。这阐明了中国式现代化在处理世界不同文明关系中的态度、立场和观点。第四，2013年9月，习近平总书记在会见第四届全国道德模范及提名奖获得者时的讲话中指出，中华文明源远流长，蕴育了中华民族的宝贵精神品格，培育了中国人民的崇高价值追求。自强不息、厚德载物的思想，支撑着中华民族生生不息、薪火相传，今天依然是我们推进改革开放和社会主义现代化建设的强大精神力量。2023年6月，习近平总书记在文化传承

发展座谈会上的讲话中指出，中国式现代化赋予中华文明以现代力量，中华文明赋予中国式现代化以深厚底蕴。提出了中国式现代化深深植根于5000多年中华文明史、植根于中华文化沃土的文明观。第五，2017年10月，党的十九大报告指出，到本世纪中叶，我国物质文明、政治文明、精神文明、社会文明、生态文明将全面提升，实现国家治理体系和治理能力现代化，成为综合国力和国际影响力领先的国家，全体人民共同富裕基本实现，我国人民将享有更加幸福安康的生活，中华民族将以更加昂扬的姿态屹立于世界民族之林。这样明确提出了社会主义现代化强国的战略目标是实现五大文明全面提升。第六，习近平总书记在2021年庆祝中国共产党成立100周年大会上的讲话中指出，"我们坚持和发展中国特色社会主义，推动物质文明、政治文明、精神文明、社会文明、生态文明协调发展，创造了中国式现代化新道路，创造了人类文明新形态"[1]。明确提出了五大文明协调发展观，首次将中国式现代化与人类文明新形态联系起来。第七，2022年10月，党的二十大报告指出，中国式现代化是物质文明和精神文明相协调的现代化。物质富足、精神富有是社会主义现代化的根本要求。物质贫困不是社会主义，精神贫乏也不是社会主义。中国式现代化就是要"促进物的全面丰富和人的全面发展"，将共同富裕的内涵从物质层面扩大到精神层面，实现物质生活和精神生活共同富裕。

---

[1] 习近平：《在庆祝中国共产党成立100周年大会上的讲话》，《求是》2021年第14期。

二、基本内涵

中国式现代化蕴含独特的文明观，内涵丰富，主要体现在以下方面：

第一，中国式现代化蕴含着深厚的中华文明底蕴。中国式现代化植根于中华5000多年文明沃土，它不是消灭、中断古老文明的现代化，而是中华文明赓续、更新的现代化。中华文明具有的突出特性，即突出的连续性、突出的创新性、突出的统一性、突出的包容性、突出的和平性，构成了中国式现代化深厚的文明底蕴。中华文明的思想精华，为中国式现代化提供了宝贵资源。中华民族精神为中国式现代化提供强大精神动力。中国式现代化将富有成效地推动中华文明的创造性转化和创新性发展，不断赋予中华文明以新的时代内涵，努力建设中华民族现代文明。

第二，中国式现代化尊重世界文明多样性，尊重彼此选择的发展道路。文明多样性是世界的基本特征，没有多样性，就没有人类文明。文明是平等、包容、开放的。中国式现代化主张以文明交流超越文明隔阂，以文明互鉴超越文明冲突，以文明共存超越文明优越。中国式现代化跳出零和博弈思维，摒弃意识形态偏见，跨越文明冲突陷阱，树立你中有我、我中有你的命运共同体意识和合作共赢理念，相互尊重各国自主选择的发展道路和模式，让世界文明多样性成为人类社会进步的不竭动力。人类文明的百花园多姿多彩，正是基于多样性，在相互的竞争、交流、互鉴和融合中才能推动社会发展和文明进步。

第三，中国式现代化蕴含着以人民为中心的文明观。中国式现代化把人民作为现代化发展的根本目的，坚持人民主体地位，坚定不移走中国特色社会主义政治发展道路，确保人民依法通过各种途径和形式管理国家事务。强调现代化的发展要造福全体人民，实现全体人民的共同富裕，使全体人民共享现代化的发展成果。

第四，中国式现代化不同于西方现代化，它不是片面发展的单向度文明推进的现代化，而是坚持整体性文明协调发展的现代化。中国式现代化是物质文明和精神文明协调发展的现代化。物质文明高度发达，精神文明高度丰富。物质文明是精神文明的基础，为精神文明发展提供物质条件和实践经验。精神文明为物质文明的发展提供精神动力和智力支持，为物质文明的发展提供思想保证。物质文明、政治文明、精神文明、社会文明、生态文明"五大文明"协调发展和全面提升，是建设社会主义现代化强国的战略目标。

第五，西方现代文明仅仅是众多现代文明中的一种，绝不能讲西方文明就是现代文明。现代化是人类文明的一次深刻变革，是一种不可逆转的时代潮流，是人类社会谋求进步的必由之路，也是每个国家和地区以各自方式必经的历史阶段。正如西方文明的现代化一样，其他非西方文明的现代化，都表现为从自身的传统文明到现代文明的转型。非西方文明，在不放弃自身传统文化的前提下，完全能够并以不同的方式实现各自的现代化。

第六，中国式现代化将中华文明、社会主义文明和其他现代性文明有机融合，开创了一种人类文明新形态。中国式现代化是人类文明新形态的生成载体，人类文明新形态是中国式现代化的必然结果。

三、鲜明特征

中国式现代化是中国共产党领导的社会主义现代化，党的领导是最大特色，它直接关系中国式现代化的价值取向。

第一，中国式现代化秉持独立自主原则，核心是走自己的路，开辟中华民族现代文明新境界。坚持中国的问题必须从中国基本国情出发，由中国人自己来解答。中国共产党带领中国人民开辟中国式现代化道路的探索历程，也是对本民族创造的灿烂文明深刻觉醒的历程。中国式现代化道路既是一种道路自觉，更是一种文明自觉，意味着中国要探索一条既遵循现代化建设的一般规律，又有别于西方现代化道路的中国式现代化道路。中国式现代化道路是对西方现代化道路的超越，它建构了中国的现代性话语，创造了人类文明新形态，彰显了中国共产党的新文明观。秉持独立自主原则，走自己的路，是党的全部理论和实践立足点，更是党百年奋斗得出的历史结论。中国共产党"历来坚持独立自主开拓前进道路，坚持把国家和民族发展放在自己力量的基点上，坚持中国的事情必须由中国人民自己作主张、自己来处理"[①]。牢牢掌握发展的主动权，决不能丧失自身的独立性或者中断自身的文明进程。

第二，中国式现代化树立共同富裕文明观，朝着实现全体人民共同富裕的现代化迈进。实现共同富裕是中国式现代化的重要特征。中国式现代化坚持人民至上理念，突出现代化方向的人民性。消除贫困，实现共同富裕是社会主义国家的本质要求，是中

[①] 《中共中央关于党的百年奋斗重大成就和历史经验的决议》，人民出版社2021年版，第67页。

国共产党的重要使命。社会主义与资本主义的本质区别之一就在于,既要发展比资本主义更先进的生产力,又要逐渐消除两极分化,最终实现共同富裕。实现共同富裕的目标,需要通过合理的制度安排正确处理增长和分配的关系,防止垄断和资本无序扩张,着力维护和促进社会公平正义,把实现人民对美好生活的向往作为现代化建设的出发点和落脚点。

第三,中国式现代化蕴含着协调发展的文明观。中国式现代化不仅要坚持物质文明与精神文明协调发展,而且要坚持物质文明、政治文明、精神文明、社会文明、生态文明五大文明协调发展。从"两个文明"协调发展再到"五大文明"协调发展,走协调发展之路,是中国式现代化的重要特征。

第四,中国式现代化坚持人与自然和谐共生的生态文明观。走绿色发展之路,是中国式现代化的重要特征。习近平总书记指出:"我们要建设的现代化是人与自然和谐共生的现代化,既要创造更多物质财富和精神财富以满足人民日益增长的美好生活需要,也要提供更多优质生态产品以满足人民日益增长的优美生态环境需要。"[1]

第五,中国式现代化坚持和平发展文明观。中国走和平发展之路,不走侵略扩张实现发展的老路,成功探索出一条以和平方式实现国家发展和中华民族复兴的新路,打破了"国强必霸"的大国发展传统模式,提供了人类实现现代化的新选择。

---

[1]《习近平谈治国理政》第3卷,外文出版社2020年版,第39页。

四、独特贡献

中国式现代化文明观的独特贡献，集中体现在创造人类文明新形态上。中国式现代化是中华文明、社会主义文明和现代文明的有机融合，开创了超越资本主义文明的新文明形态。

第一，以人民为中心超越以资本为中心。

中国式现代化所创造的人类文明新形态，把为人民谋幸福作为现代化发展的根本目的，坚持人民主体地位，强调现代化的发展要造福全体人民，使全体人民共享现代化的发展成果。资本主义现代化坚持资本主体地位，现代化发展的主要目的在于实现资本价值最大化，导致现代化的发展成果主要由少数人享有。马克思主义经典作家曾对资本主义社会普遍存在的"异化"现象进行深刻的批判，从物的异化、人与物的异化，再到人与人的异化逐渐递进，揭示出人的物质生产与精神生产及其产品变成异己力量，反过来统治人的一种社会现象。中国式现代化为人类贡献一种文明新形态，为人的自由全面发展和社会全面进步开辟广阔空间。

第二，以共同富裕超越两极分化。共同富裕是人类文明发展中的难题，人类社会迄今为止，没有哪个国家完美地解决了这个问题。贫富悬殊、两极分化是以资本为主导的现代化普遍出现的问题。中国式现代化所创造的人类文明新形态，把全体人民共同富裕作为现代化的出发点和重要目标，主张通过全体人民的共同奋斗，实现物质富裕、精神富足与生态美好的有机统一和协调发展，促进人的自由全面发展，真正实现社会公平正义。而资本主义现代化的起点和终点皆在资本增殖，资本通过占有剩余价值并有意识地借助两极分化,来维护资本增殖的权益。人被异化为资本增殖的工具,贫富两极分化成为难以解决的内在矛盾,社会公平正义难以真正实现。

第三,以五大文明协调发展超越单面化发展。中国式现代化所创造的人类文明新形态,以物质文明提供物质技术条件,政治文明提供领导力量以及制度保障,精神文明提供精神纽带、道义力量和智力支持,社会文明提供民生、社会秩序和社会组织支撑,生态文明提供良好的生态环境基础。五大文明形成的内在张力和矛盾运动,推动着整体文明的进步。而资本主义现代化,极易出现单面化发展的失衡状态:表现为只注重财富增长,人的全面发展却被扭曲,环境遭到严重破坏,公平正义难以得到保障。

第四,以人与自然和谐共生超越人与自然对立。中国式现代化所创造的人类文明新形态,把人与自然当作生命共同体,认为良好生态环境是最普惠的民生福祉。坚持生态优先和绿色发展理念,在敬畏自然、尊重自然、认识自然、顺应自然、保护自然中,创造更多物质财富和精神财富。而资本主义现代化,奉行人类中心主义,将人与自然相对立,人处于现代化的主体地位,自然界处于现代化的客体地位,凭借现代科技的强大力量,破坏了人与自然的生态平衡。

第五,以和平发展合作共赢超越霸权主义、殖民主义、对外掠夺。中国式现代化所创造的人类文明新形态,坚持在和平中求发展,在发展中促和平,在合作中创共赢,在共赢中促合作。国强而不霸。而资本主义现代化,在殖民运动中大量掠夺世界财富以实现资本主义市场的扩张。通过霸权干预和控制广大发展中国家的发展战略和经济政策,竭力从发展中国家攫取经济利益。西方式现代化通过战争、殖民、掠夺等方式实现现代化的老路,给广大发展中国家人民带来了深重苦难。中华民族自古就有崇尚和平的文化基因，"和而不同"是中华文化的内在特质，对和平、和睦、和谐的追求深深根植于中华民族的精神世界之中。中国式现代化走和平发展道路，维护和平稳定的发展环境。

第六，以文明交流超越文明隔阂、以文明互鉴超越文明冲突、以文明共存超越文明优越。中国式现代化所创造的人类文明新形态，坚持弘扬平等、互鉴、对话、包容的文明观，尊重世界文明多样性，提出世界文明互鉴论、文明共存论，以超越"西方中心主义"的文明优越论、文明冲突论。以"和而不同""美美与共""天下大同"的思维方式，倡导以文明交流互鉴为核心构建人类命运共同体。中华文明独特的精神特质能够为推进世界文明贡献东方智慧。

第七，中国式现代化道路，打破了资本主义现代化的"神话"，重构了世界现代化的整体图景，在人类文明发展史上具有原创性贡献。发端于欧美的西方现代化模式曾长期被标榜为实现现代化的必由之路。中国式现代化坚持独立自主，展现了不同于西方式现代化的另一幅图景，拓展了发展中国家走向现代化的途径，为广大发展中国家独立自主迈向现代化树立了典范，为其提供了全新选择。

总之，中华文明是伟大的文明，为人类文明进步事业作出了重大贡献。在中华文明深厚基础上开辟和发展中国特色社会主义，是我们的"必由之路"，也是我们的"最大法宝"。中国式现代化赋予中华文明以现代力量，中华文明赋予中国式现代化以深厚底蕴。坚持胸怀天下，积极学习借鉴人类文明的一切有益成果。中国式现代化拥有无比广阔的发展空间。历史和现实终将证明，中国式现代化道路将越走越宽广。

第一章

在中华文明沃土中植根

中国式现代化蕴含的文明观深深植根于中华文明沃土。中国式现代化赋予中华文明以现代力量，中华文明赋予中国式现代化以深厚底蕴。正是中华文明的突出特性，彰显了中国式现代化所蕴含的文明观的独特性，彰显了中国式现代化所创造的文明新形态深刻的思想内涵、时代内涵和文明内涵。在中华文明深厚基础上开辟和发展中国特色社会主义现代化，这是我们的"必由之路"，也是我们的"最大法宝"。

一、民族精神的底色

中国式现代化不是消灭、中断古老文明的现代化，不是移植他国的现代化，不是西方化，而是中华文明赓续、更新的现代化。

（一）承载了中华民族孜孜不倦的精神追求

在人类跨越蒙昧时代走进文明世界的历史进程中，中华民族创造的中华文明宛如暗夜中的一盏璀璨明灯，格外引人入胜。中华文明与古埃及文明、古巴比伦文明、古印度文明一道并称为历史最为悠久的世界四大文明，是最早点亮人类心灵智慧的古代文明之一；同时，也只有中华文明一直存续至今，传承不绝，虽然中国近代遭遇百年未有之大变局，但时至今日，中国式现代化再一次激活了中华文明，使中华文明重新焕发出蓬勃生机，依然辉映在世界的东方。反观其他三大曾与中华文明一同普照大地的古代文明，在绽放了数千年之后，湮灭在历史的长河中，成为遗落在历史尘埃里的遥远记忆。究其原因，就在于中华文明承载了中华民族爱好和平、开放包容、开拓创新、自强不息的精神追求。

中国式现代化承载了中华民族爱好和平的精神追求。爱好和平自古以来就是中华民族的突出特征，从经史子集中可以一探究竟。《尚书·尧典》记载的内容主要是距今4000多年的尧时期的思想文化、政治制度等，书中明确出现了"协和万邦"一语。司马迁在《史记·五帝本纪》中也描绘了黄帝时期"万国和"，尧时期"合和万国"的国与国之间和平相处的美好景象。可见，中华民族自起源时就奠定了爱好和平的特性。中华民族爱好和平表现为追求人际关系的和谐。《论语·子路》有言："君子和而不同。""和"即和谐统一。君子不追求绝对的"同"，而是认识到"和"才是事物的本质。因此，即使在某个问题的看法上与他人观点不一致，但是在人际交往中仍然能够与他人保持一种和谐友善的关系。千百年来，儒家的这一思想主张深深融入进中华民族的血液里，养成了中国人彬彬有礼、与人为善的个性禀赋。中华民族爱好和平还表现为主张国与国之间捐弃战争，和平相处。"天下大同"是我国优秀传统文化的核心理念之一，它突出反映了中华民族对世界和平的美好愿望与追求。

党的十八大以来，习近平总书记在不同的场合多次阐明中华民族爱好和平的传统。2015年9月3日，在纪念中国人民抗日战争暨世界反法西斯战争胜利70周年大会上，习近平总书记指出："中华民族历来爱好和平。无论发展到哪一步，中国都永远不称霸、永远不搞扩张，永远不会把自身曾经经历过的悲惨遭遇强加给其他民族。"[①] 2021年9月21日，在第七十六届联合国大会一般性辩论上，习近平总书记再一次强调："中华民族传承和追求的

---

① 习近平：《在纪念中国人民抗日战争暨世界反法西斯战争胜利70周年大会上的讲话》，人民出版社2015年版，第5页。

是和平和睦和谐理念。我们过去没有，今后也不会侵略、欺负他人，不会称王称霸。中国始终是世界和平的建设者、全球发展的贡献者、国际秩序的维护者、公共产品的提供者，将继续以中国的新发展为世界提供新机遇。"[1]可以看出，中华文明所具有的突出的和平性，从根本上决定了中国将始终不渝地走和平发展道路，始终致力于维护世界和平，促进全球发展。

中国式现代化承载了中华民族开放包容的精神追求。在2022年5月27日十九届中央政治局第三十九次集体学习时，习近平总书记指出："中华文明自古就以开放包容闻名于世。"[2]历史上，中华民族与世界其他民族交往交流的历史，充分体现了中华民族开放包容的精神追求。早在汉初，张骞便在汉武帝的支持下，打通了通往西域的陆上丝绸之路。随着陆上丝绸之路的开辟，开放包容的中华民族在同世界其他民族往来时，向世界输送了茶叶、丝绸、瓷器等大量精美的物品和东方智慧，同时，也接受了世界上其他国家的器具和文化。在唐代，大量遣唐使会聚长安学习中华民族先进的思想文化以及政治制度，我们无不是以开放包容的心态热诚地报以欢迎。明朝时，郑和七下西洋更标志着海上丝绸之路发展到了极盛时期。中华民族与世界其他民族的交往交流更加频繁，范围也更为广大。中华民族在不断与他国人民的交流互动中，取人之长，补己之短，博采众长，促进了中华文明的蓬勃发展。从某种程度上可以说，正是由于中华民族开放包容的精神追求，造就了中华文明传承5000多年源远流长的强大生命力。

中国式现代化承载了中华民族勇于创新的精神追求。中华民

---

[1] 习近平：《习近平重要讲话单行本》（2021年合订本），人民出版社2022年版，第115页。
[2] 习近平：《把中国文明历史研究引向深入 增强历史自觉坚定文化自信》，《求是》2022年第14期。

族是勇于创新创造的民族。在中国历史上，勇于创新的中华民族结合生活实践创造了造纸术、指南针、火药、印刷术四大发明。以印刷术为例，中国是世界上最早发明印刷术的国家。在公元7世纪的唐朝，当时的中国人就已经发明了雕版印刷术，并在民间广为使用。到了宋朝时，毕昇在此基础上发明了活字印刷术，领先欧洲400余年。除了耳熟能详的四大发明，中华民族的伟大创新创造还体现在数学、天文学、物理学等领域。在数学方面，早在南朝时期，我国数学家祖冲之就利用割圆术将π的数值精确地测算到了小数点后7位，领先欧洲1000年。在天文学领域，东汉时期的天文学家张衡，尽管当时的天文学还很不发达，但是他已经明确地意识到了在地球之外还有无限的宇宙。张衡设计和制造了漏水转浑天仪、候风地动仪，并对日月星辰做了许多观测和分析。他测量出了太阳和月亮的角直径是周尺的1/736。他统计出在中国的中原地区能看到的恒星约有2500颗。国际天文学会为了纪念张衡对天文学的突出贡献，将月球上的一座环形山命名为"张衡环形山"。在物理学方面，东汉时期的发明家杜诗，首创了水力鼓风设备——水排（水力鼓风机），领先世界其他国家1100多年。从以上我国古代的伟大发明创造可知，中华民族是勇于创新的民族。

中国式现代化承载了中华民族自强不息的精神追求。自强不息作为中华民族孜孜不倦的精神追求，是中华文明绵延不断的精神源泉。自强不息体现在中华民族进行文明创造的历史活动中，是中华民族精神、中国精神的重要内容。纵观5000多年的中华文明发展史，虽然大部分时间我们是在辽阔的旷野上急流勇进，但是有时候也会遇到险滩，甚至有触礁沉沦的巨大风险，然而我们虽历经沧桑却不断发展壮大，岿然屹立于世界民族之林，正是一代代中华儿女发挥自强不息精神的历史必然。尤其是到了近代，中国遭遇了百年未有之大变局，中国一度面临着"被开除球籍"的凶险，但是历经百余年的艰难探索和巨大牺牲，高扬自强不息精神的中华民族成功地开辟和拓展了中国式现代化新道路，昂首阔步地走在了通往中华民族伟大复兴的光辉大道上。这一波澜壮阔的历史进程充分展现了中华民族自强不息的精神追求。

习近平总书记指出："文明特别是思想文化是一个国家、一个民族的灵魂。无论哪一个国家、哪一个民族，如果不珍惜自己的思想文化，丢掉了思想文化这个灵魂，这个国家、这个民族是立不起来的。"[1]我们始终不曾丢掉伟大的中华文明，也就不会放弃中华文明所承载的爱好和平、开放包容、开拓创新、自强不息的精神追求。在长期的历史发展中，中华文明早已与中华民族融为一体，为中华民族生生不息、发展壮大提供了丰厚滋养，也为今天的中国式现代化提供了强大的精神动力。

（二）为中国式现代化提供强大精神动力

中华文明5000多年的历史演进中，孕育出了独具特色的、传承不绝的伟大民族精神。在不同的历史年代里，它激励着中华民族顽强奋斗、自强不息，是中华民族十分宝贵的精神财富。习近平总书记在2016年哲学社会科学工作座谈会上的讲话中指出："站立在960多万平方公里的广袤土地上，吸吮着中华民族漫长奋斗积累的文化养分，拥有13亿中国人民聚合的磅礴之力，我们走自己的路，具有无比广阔的舞台，具有无比深厚的历史底蕴，具有无比强大的前进定力。中国人民应该有这个信心，每一

---

[1] 习近平：《在纪念孔子诞辰2565周年国际学术研讨会暨国际儒学联合会第五届会员大会开幕会上的讲话》，人民出版社2014年版，第9页。

个中国人都应该有这个信心。"①尤其是近代，在中华民族生死存亡之际，众多志士仁人秉持伟大民族精神，奋起探索、反思、实践，积极寻求富国强民的正确道路。着眼当下，立足两个大局，在开创和拓展中国式现代化道路的新征程上，我们更要传承和弘扬伟大民族精神，为中国式现代化提供强大精神动力。正如习近平总书记所言："中国人民的特质、禀赋不仅铸就了绵延几千年发展至今的中华文明，而且深刻影响着当代中国发展进步，深刻影响着当代中国人的精神世界。中国人民在长期奋斗中培养、继承、发展起来的伟大民族精神，为中国发展和人类文明进步提供了强大精神动力。"②在新时代，弘扬中华文明所孕育出的伟大民族精神，将为中国式现代化提供伟大创造精神、伟大奋斗精神、伟大团结精神和伟大梦想精神。

第一，中华文明为中国式现代化提供伟大创造精神。一个民族若想长久生存和持续发展，唯有不断进行创新与创造。回望我们这个星球上曾经诞生过的光彩夺目的原生型文明，大多已经淹没在历史的尘埃里，只能在古物陈列馆里一睹往昔的风采与辉煌。一个很重要的原因就是它们在历史的长河中丧失了创新创造的动力与能力，适应不了发展变化了的局势，最终导致上层建筑成为经济基础进一步发展的桎梏，湮灭在历史的长河里。重新审视中华文明之所以数千年来不曾断流，一个很重要的原因就是中华民族拥有伟大创造精神。习近平总书记在第十三届全国人民代表大会第一次会议上深刻阐述了中国人民的伟大创造精神，他指出："在几千年历史长河中，中国人民始终辛勤劳作、发明创造，

---

① 《习近平谈治国理政》第2卷，外文出版社2017年版，第339页。
② 习近平：《在第十三届全国人民代表大会第一次会议上的讲话》，人民出版社2018年版，第2页。

我国产生了老子、孔子、庄子、孟子、墨子、孙子、韩非子等闻名于世的伟大思想巨匠，发明了造纸术、火药、印刷术、指南针等深刻影响人类文明进程的伟大科技成果，创作了诗经、楚辞、汉赋、唐诗、宋词、元曲、明清小说等伟大文艺作品，传承了格萨尔王、玛纳斯、江格尔等震撼人心的伟大史诗，建设了万里长城、都江堰、大运河、故宫、布达拉宫等气势恢弘的伟大工程。今天，中国人民的创造精神正在前所未有地迸发出来，推动我国日新月异向前发展，大踏步走在世界前列。我相信，只要13亿多中国人民始终发扬这种伟大创造精神，我们就一定能够创造出一个又一个人间奇迹！"[1]伟大创造精神是中华民族别具一格的精神禀赋。从"日新之谓盛德"到"创新是一个民族进步的灵魂"，从"苟日新，日日新，又日新"到"惟创新者进，惟创新者强，惟创新者胜"，伟大的创造精神立新义、开新篇、闯新路，让一个5000多年的文明古国始终生生不息、生机勃勃，让近代以来久经磨难的中华民族浴火重生迎来了伟大复兴的曙光，让一个世界上最大的发展中国家昂首阔步迈进了新时代，创造了中国式现代化新道路。时代在变迁，社会在发展，我国人民的伟大创造精神也在不断地继往开来、推陈出新。改革开放以来，我国社会面貌焕然一新，其背后是千千万万智慧的头脑和创造的双手在做引擎。中国人民的伟大创造精神正在以惊人的力量变革着我国社会，推动着我国走向世界前列，这种伟大创造精神是不断开拓中国式现代化的强力助推器。

第二，中华文明为中国式现代化提供伟大奋斗精神。伟大奋斗精神是历史上中华民族战胜千难万险的制胜法宝。正如习近平

---

[1] 习近平：《在第十三届全国人民代表大会第一次会议上的讲话》，人民出版社2018年版，第3页。

总书记所说："'宝剑锋从磨砺出，梅花香自苦寒来。'……我们的国家，我们的民族，从积贫积弱一步一步走到今天的发展繁荣，靠的就是一代又一代人的顽强拼搏，靠的就是中华民族自强不息的奋斗精神。"①"自强不息"的奋斗精神在中华文明发展史中最早见于《周易》："天行健，君子以自强不息。"意为天的运行刚健有力，君子应该仿效天道之刚健有为，自立自强，奋发进取。伟大奋斗精神一直以来都是推动中华民族发展进步的强劲动力。正如习近平总书记所说："在几千年历史长河中，中国人民始终革故鼎新、自强不息，开发和建设了祖国辽阔秀丽的大好河山，开拓了波涛万顷的辽阔海疆，开垦了物产丰富的广袤粮田，治理了桀骜不驯的千百条大江大河，战胜了数不清的自然灾害，建设了星罗棋布的城镇乡村，发展了门类齐全的产业，形成了多姿多彩的生活。中国人民自古就明白，世界上没有坐享其成的好事，要幸福就要奋斗。"②我们在建设社会主义现代化强国的新征程上，虽然道路无比光明，但是前路依然充满挑战。在推进中国式现代化的过程中，不仅要解决好发展不平衡不充分等国内一众问题，还需要科学有效地应对国外日益严峻的挑战。虽然在以中国式现代化全面推进中华民族伟大复兴的新征程中挑战难题会很多，但是只要我们14亿多中国人民始终发扬这种伟大奋斗精神，我们的中国式现代化道路必定会越走越宽广！

第三，中华文明为中国式现代化提供了伟大团结精神。"中为大本，和为达道"的中和哲学，是中华民族伟大团结精神形成的思想基础。《礼记·中庸》："中也者，天下之大本也。和也者，

---

① 《习近平谈治国理政》第1卷，外文出版社2018年版，第52页。
② 习近平：《在第十三届全国人民代表大会第一次会议上的讲话》，《人民日报》2018年3月21日。

天下之达道也。致中和，天地位焉，万物育焉。"汉代董仲舒在《春秋繁露·循天之道》中的论述与此相呼应："成于和，生必和也；始于中，止必中也。中者，天地之所终始也；而和者，天地之所生成也。夫德莫大于和，而道莫正于中。"中，在他们看来，既是从中心出发向四面八方的发散运动，又是四面八方向中心聚拢的回归运动。因而，中代表的是一种综合性、整体性、立体性的思维方式。"中"放置于实践，集中体现为"和"，它不否认差异是合理的甚至是必然的，但更多的是认为矛盾着的各方又有相互配合、相互联结、相互结合的一面，"和"能够创造出新的统一体。正是"中和"这一核心价值理念将亿万中华各族儿女连接在一起，在悠悠历史长河中，一步步从利益共同体走到命运共同体，为中华民族的伟大团结精神和民族团结奠定了深厚的文化根基。习近平总书记在第十三届全国人民代表大会第一次会议上深刻指出了伟大团结精神之于中国的重要性，他讲道："中国人民是具有伟大团结精神的人民。在几千年历史长河中，中国人民始终团结一心、同舟共济，建立了统一的多民族国家，发展了56个民族多元一体、交织交融的融洽民族关系，形成了守望相助的中华民族大家庭。特别是近代以后，在外来侵略寇急祸重的严峻形势下，我国各族人民手挽着手、肩并着肩，英勇奋斗，浴血奋战，打败了一切穷凶极恶的侵略者，捍卫了民族独立和自由，共同书写了中华民族保卫祖国、抵御外侮的壮丽史诗。"[1]今天，中国取得的令世人瞩目的发展成就，成功开创的中国式现代化更是全国各族人民同心同德、同心同向努力的结果。只要我们14亿多中国人民始终发扬这种伟大团结精神，在中国式现代化的道路

---

[1] 习近平：《在第十三届全国人民代表大会第一次会议上的讲话》，《人民日报》2018年3月21日。

上，我们就一定能够形成勇往直前、无坚不摧的强大力量！

第四，中华文明为中国式现代化提供伟大梦想精神。中华民族历来是怀揣伟大梦想的民族。《尚书·尧典》所述的"允恭克让，光被四表，格于上下。克明俊德，以亲九族。九族既睦，平章百姓。百姓昭明，协和万邦"，可以说是最早的中国梦。历史表明，一个国家的梦想可以激励和引导该国全体人民朝着既定理想目标不断奋斗、拼搏、前进。中华民族始终是一个有理想、有信仰、有追求的民族，并且世世代代自强不息地在实现梦想的征程上不懈奋斗。习近平总书记在第十三届全国人民代表大会第一次会议闭幕会上特地将伟大梦想精神列进四大民族精神之一。他指出："中国人民是具有伟大梦想精神的人民。在几千年历史长河中，中国人民始终心怀梦想、不懈追求，我们不仅形成了小康生活的理念，而且秉持天下为公的情怀，盘古开天、女娲补天、伏羲画卦、神农尝草、夸父追日、精卫填海、愚公移山等我国古代神话深刻反映了中国人民勇于追求和实现梦想的执着精神。中国人民相信，山再高，往上攀，总能登顶；路再长，走下去，定能到达。"[1]对伟大梦想的追求已经深深融化在中国人民的血脉中，深深烙印在中华文明的基因里。进入近代以后，中国人民对家的悲欢离合与国的兴衰荣辱之间的内在关联有了更深刻、更真切的理解，催生出愈加浓烈的家国情怀，涵养出以国家富强、民族振兴、人民幸福为基本内涵的中国梦。当今，中华民族的伟大梦想是以中国式现代化全面推进中华民族伟大复兴，把我国建设成为一个富强民主文明和谐美丽的社会主义现代化强国，为实现这个伟大梦想，中国人民以百折不挠、坚忍不拔的毅力，以奋战

---

[1] 习近平：《在第十三届全国人民代表大会第一次会议上的讲话》，《人民日报》2018年3月21日。

到底、自力更生的气概在持续不断地努力。只要我们14亿多中国人民始终发扬这种伟大梦想精神，我们就一定能够以中国式现代化全面推进中华民族伟大复兴！

（三）坚持中国道路必须弘扬中国精神

中国道路是党和人民历经千辛万苦才取得的宝贵成果。历史上，中华民族在5000多年的繁衍生息中创造了辉煌灿烂的中华文明，对人类文明的繁荣进步作出了不可磨灭的贡献。然而，1840年鸦片战争后，腐朽没落的清政府面对外敌入侵节节败退，签订了一系列丧权辱国的不平等条约，慈禧太后甚至恬不知耻地道："量中华之物力，结与国之欢心。"面对内忧外患，中国逐步成为了半殖民地半封建社会，国家蒙辱、人民蒙难、文明蒙尘，中华民族灾难深重，国家的出路在哪里？这是当时的仁人志士苦苦思索的问题。洋务运动、维新变法、辛亥革命接连失败。中国究竟怎样才能实现富国强兵，实现现代化，这需要探索一条新路。终于，在艰辛探索之后，中国共产党人在马克思主义指导之下，团结带领中国人民走上了社会主义道路，最终赶跑了各国侵略者以及国民党反动派，成立了新中国，中国人民从此站起来了。

然而，在探索社会主义建设的过程中充满曲折，取得的"最大法宝"便是开辟和发展中国特色社会主义必须植根于中华文明深厚基础上，将马克思主义基本原理同我国的具体实际、同中华优秀传统文化相结合。改革开放以来，我们总结正反两方面的经验，成功地开辟了中国特色社会主义道路。正如习近平总书记强调中国特色社会主义"这条道路来之不易，它是在改革开放30多年的伟大实践中走出来的，是在中华人民共和国成立60多年的持续探索中走出来的，是在对近代以来170多年中华民族发展历程的深刻总结中走出来的，是在对中华民族5000多年悠久文明的传承中走出来的，具有深厚的历史渊源和广泛的现实基础"①。中国特色社会主义道路来之不易，而且这条道路确实能让中国实现富起来、强起来，因此我们必须自觉地加以坚持。

第一，苏联解体给我们的最大警示就是必须走自己的路，走符合中国国情的现代化道路，而坚持中国道路就必须弘扬中国精神。中国道路指的是中国特色社会主义道路，也是当下的中国式现代化道路。中国不是世界上第一个走上社会主义道路的国家，在中国之前还有长期与美国分庭抗礼的强大的苏联。今天我们总结回顾苏联解体的一个重要原因就是苏联在后期的一系列改革中逐渐选择了西方国家的价值观，放弃了其国家精神。1917年在以列宁为首的布尔什维克党的带领下，俄国发动了十月革命，成功推翻了资产阶级政权，建立了无产阶级政权，走上了社会主义道路。成立之初的苏俄面对内忧外患，面对"社会主义祖国在危急中"的困境，列宁提出了"一切为了前线，一切为了胜利"的口号，不得已实行战时共产主义政策。在平息了国内叛乱、打退帝国主义的联合绞杀后，战时共产主义政策的弊端日益显露。于是列宁在作了认真分析后决定放弃战时共产主义政策，转而实施了符合俄国实际情况和历史文化传统的新经济政策。新经济政策极大地激发了农民以及工商业者的积极性，促进了苏俄的恢复与发展。列宁逝世后，斯大林上台，于1928年废止了新经济政策，开始搞计划经济，随后逐渐发展演化成为斯大林模式。这一模式在第二次世界大战中为保卫苏联战胜法西斯发挥了巨大作用。然而，苏联的这一模式在实施过程中逐步演化成为高度集中的政治

① 《习近平谈治国理政》第1卷，外交出版社2014年版，第39页。

经济体制，并且不断僵化，产生了严重的个人崇拜以及各种问题。在斯大林去世后，赫鲁晓夫上台，在苏共二十大上作了秘密报告，将斯大林拉下了"神坛"，并且进行了一系列改革。但是改革成效并不能令人满意，尤其是苏联最后一任总统戈尔巴乔夫在经济体制改革遇挫后，转向了政治体制改革和思想文化改革，接受了西方国家的价值观，放弃了苏联的优秀传统文化、革命文化以及国家精神，以至于1991年12月25日，戈尔巴乔夫在电视讲话中宣布苏联解体时，竟无一人站出来反驳。与美国等西方国家抗衡了半个多世纪的苏联轰然倒塌。苏联的解体给了我们深刻的教训，那就是坚持中国特色社会主义道路必须弘扬中国精神。只有传承弘扬好中国精神，中国道路才会越走越宽广。

第二，现代精神性危机也要求我们走中国道路必须弘扬中国精神。西方资本主义道路在推动物质财富巨大发展的同时，也导致人的精神维度产生了一系列问题，而中国式现代化新道路要实现物质文明与精神文明的协调发展，避免在现代化的过程中引发中国人在精神领域的一系列问题，也要求我们走中国道路必须弘扬中国精神。回望西方资本主义的发展历程，在物质、欲望的吞噬下，德性修养和宗教信仰逐渐式微，资本主导下的现代文明迎来了一个欲望膨胀、感性至上、物化、碎片化和虚无化的时代。其一，欲望膨胀导致精神萎缩。在西方向现代社会演变的过程中，我们可以十分清晰地发现，西方社会的德性和信仰逐渐让位于主体性和理性，并最终被其所取代。这本是人类文明的一大进步，不幸的是，主体性偏离完整性驶向了物质欲望的深渊，理性脱离了全面性因而走向了工具性。基本欲望的满足是人类社会的客观需要，这本无可厚非。但是，一味寻求物质欲望的极大满足，就会成为欲望的奴隶，在物质欲望的驱使下，必然导致精神世界的萎缩。其二，物化生存导致精神懈怠。占有基本的物质生活资料，本是人类存续发展的基本前提。然而，如果只把占有"物"视为人生在世的唯一追求，用物的工具性眼光审视与他人乃至与社会的关系，将物化生存作为唯一的生存目标，任由物化意识钳制自我的精神解构，必然导致人的尊严和地位的丧失，直至沦为物的奴隶，引发人们的精神懈怠。其三，碎片化引发精神凌乱。在现代化的持续推进中，一些整体性的关系结构及其相对应的观念，被日渐分离的领域和具有差异化诉求的个体进行了碎片化分割。千百年来，德性和信仰建构的精神价值王国被肢解，宏大叙事和意义世界被消解了。反观当下，各种哗众取宠性质和诱惑迷乱的文化符合和价值因素，在数字化、网络化、大数据等信息技术的推波助澜下，操纵了大众心理，控制了大众精神，引发现代人的精神凌乱。其四，后现代性导致精神虚无。20世纪五六十年代以来，在当代思潮中涌现出了一种表征西方社会历史与科技领域发展新特征的后现代主义。后现代主义的基本特征表现为：反本质主义与基础主义，反认识论的表象功能，反对语言本质论与语言意义论，追求割裂传统与求新立异，呈现出无深度性与差异性，等等。后现代主义的一大恶果就是造成了历史虚无主义的再次粉墨登场。在历史虚无主义的影响下，理想式微、蔑视崇高、信仰危机、价值坍塌、意义失落等一系列精神危机随之而来，进而导致人的精神虚无。

　　与西方现代化之路相比较而言，通过中国道路而建构起的现代文明注重精神维度与物质维度的协调发展。中华文明曾经占据着世界文明的精神高度，一度作为文明中心的中华民族和中华文明曾经有着十足的精神魅力。致力于实现中华民族伟大复兴的中国式现代化道路非但没有摈弃博大精深的5000多年文明，而且不断从中汲取深厚的文化养分。即使在社会形态剧烈转变时对中华文明曾经有过激烈的批判，但是凝结着中华文明深沉智慧的中国精神依然"薪火相传"，为当今中国的发展注入源源不断的精神动力。观史以明智。无论是汲取苏联轰然解体的历史教训，抑或是反思西方国家现代化进程中重物质轻精神的"单条腿"走路，都在昭示我们坚持中国道路必须弘扬中国精神。

二、中华文明的形塑

（一）中华文明的独特智慧与科学社会主义基本原理高度契合

习近平总书记指出："马克思主义传入中国后，科学社会主义的主张受到中国人民热烈欢迎，并最终扎根中国大地、开花结果，决不是偶然的，而是同我国传承了几千年的优秀历史文化和广大人民日用而不觉的价值观念融通的。"[①]从习近平总书记的讲话中，我们可以看出：中华优秀传统文化的价值观念同科学社会主义价值观主张具有高度契合性，这为中国式现代化的开创和发展提供了理论前提。中国式现代化之所以谓之为"新"，主要是相对于西方传统现代化道路而言的，它是以中华文明为内核，以科学社会主义基本原理为原则和价值旨归的现代化发展新路。正是由于5000多年的中华文明的独特智慧与科学社会主义基本原理的高度契合，中国才能成功开拓不同于西方传统现代化老路的中国式现代化新道路。

[①]《习近平谈治国理政》第3卷，外文出版社2020年版，第120页。

首先，科学社会主义是科学的。古往今来，在人类思想史上，产生过各式各样的思想流派或理论体系，有的昙花一现，有的流传百千年。但是却极少有像马克思主义的社会主义理论，即科学社会主义这样深刻改变人类社会历史进程的思想体系。科学社会主义之所以能够产生如此广泛的世界影响，在于它是以无产阶级和人类解放为宗旨，并把坚定的革命性和严格的科学性高度统一的理论体系。科学性是科学社会主义的突出特性。然而，科学社会主义却在当今世界受到多方误解与质疑，坚持和发展科学社会主义，我们首先要澄清关于科学社会主义的各种错误观点。

在否定科学社会主义的众多流派中，以波普尔等人为代表的以否定历史规律的存在来否定科学社会主义的流派应当格外引起我们的重视。在波普尔看来，科学社会主义是建基在历史规律之上对未来社会所做出的预言，如果历史发展本身就不存在规律，那么科学社会主义自然就是无稽之谈。所以，他索性提出历史根本就没有规律，因而也就不能成功把握住历史规律来对未来社会做出准确的预言。科学社会主义对于他而言，只是一种美丽但虚无缥缈的"乌托邦"。不容忽视的是，波普尔等人看似好像是把握住了科学社会主义的不二法门，但是却在否定一个无法否定的客观事实，即历史发展确有其内在规律。双目失明之人看不到花花绿绿的可爱世界，可世界依然存在。历史规律是客观存在的，无论他再如何歇斯底里地叫喊，也依然无济于事，因为客观规律是不以人的主观意志为转移的。正如马克思所说："社会的物质生产力发展到一定阶段，便同它们一直在其中运动的现存生产关系或财产关系发生矛盾。于是这些关系便由生产力的发展形式变成生产力的桎梏。那时社会革命的时代就到来了。随着经济基础的变更，全部庞大的上层建筑也或慢或快地发生变革。"①这就是社会发展最深刻的历史规律。马克思的这段话鲜明地指出，正是在生产力与生产关系、经济基础与上层建筑矛盾规律的支配下，社会发展呈现为一种同自然规律相似的过程，人类总体历史发展表现为原始社会、奴隶社会、封建社会、资本主义社会和社会主义社会的依次更替。面对铁一般的事实，即使是诡辩如波普尔也不得不承认，"马克思的预言可能也能实现"。正是因为科学社会主义深刻揭示并把握住了资本主义社会的运动规律及其发展趋势，因而是一门科学，而且是一门成熟的科学。

其次，深刻把握中华文明的独特智慧与科学社会主义基本原理的契合之处。有一种观点认为：马克思主义是一种非我族类、入主中华的外来文化，他们坚持中华文明优越论，在拒斥西方文化的同时，将马克思主义也作为西方文化一同拒斥。诚然，马克思主义产生于19世纪40年代，是欧洲资本主义工业化大机器生产发展到一定程度的产物，科学社会主义来源于西方社会。但马克思主义并不专属于西方文明成果，而是世界历史的产物，是一种世界性的学说，属于全人类。马克思主义与中华文明虽然产生于不同的时代背景、不同的生产力发展条件，具有世界性与民族性之别，但双方却有超越时代、超越民族的价值相通之处。正因如此，马克思主义传到中国后，能够被中国人民所接受，在中国的土壤里生根，并在中国得到创造性的运用和发展，迅速地改变了这个国家的面貌。

第一，"道法自然"同"要合乎自然规律地改造和利用自然，努力实现人与自然的和谐共生"的科学社会主义原则高度契合。中华文明蕴含着众多的独特智慧，道法自然就是其中之一。道法

---

① 《马克思恩格斯选集》第2卷，人民出版社1995年版，第32—33页。

自然出自《老子》"人法地，地法天，天法道，道法自然"一语，说的是天、地、人与道之间的关系，涉及对人与自然关系的深刻探讨。道法自然本意为天地万物的生成与发展都是自然而然的事情，道的运行也是自然而然的事情，即天在顺其自然、地在顺其自然、人在顺其自然，引申为天地万物都在顺其自然。道法自然的内涵随着时代的发展变化也在不断变化发展，尤其是近代以来，工业化的发展导致自然环境的急剧改变，道法自然的内涵日益解读为顺应自然，合理利用自然以及保护自然之意。这就与科学社会主义"要合乎自然规律地改造和利用自然，努力实现人与自然的和谐共生"的原则高度契合。

第二，"仁者爱人"的大爱精神与"无产阶级政党是无产阶级的先锋队，社会主义事业必须始终坚持无产阶级政党的领导"的科学社会主义原则高度契合。"仁者爱人"是中华文明的独特智慧，其出自《论语》："樊迟问仁，子曰：'爱人。'"樊迟向孔子请教什么是仁，孔子告诉他，仁就是爱护他人。仁者爱人也就是爱护他人之意。马克思主义认为，无产阶级只有解放了全人类，最后才能实现自身的解放。这鲜明体现了无产阶级先将其他所有被剥削被压迫的阶级解救出来，最后解放自身的超越自我的大爱精神，与中华文明独特智慧之一的"仁者爱人"的大爱精神不谋而合。

第三，"革故鼎新"与科学社会主义"解放生产力和发展生产力的社会主义要求"的原则高度契合。"革故鼎新"出自先秦《周易·杂卦》："革，去故也；鼎，取新也。"表示除旧布新之意。革故和鼎新是事物变化发展中不可分割的两个重要过程，革故是鼎新的前提，鼎新是革故的结果。俗话说"旧的不去新的不来"，强调的是革故，而"青出于蓝而胜于蓝"则说的是鼎新。

革故鼎新是新事物和旧事物的更替，是新事物在旧事物的基础上变化和发展的结果。正如西汉著名文学家扬雄在其著作《太玄·玄摛》中所言："因而循之，与道神之；革而化之，与时宜之。故因而能革，天道乃得；革而能因，天道乃驯。"中华民族自古以来就富有创新精神，早在公元前1600年，商朝的开国君主成汤就把"苟日新，日日新，又日新"这九字箴言刻在器皿上，用以时刻提醒自己。从《诗经·大雅》的"周虽旧邦，其命维新"，到"中国特色社会主义制度的建立"，这种创新求变的理念不断被发扬，不断告诉人们创新是革故鼎新的实质、核心和根本，也是民族、社会乃至国家发展的重要元素。社会主义社会只有改革，不断调整与生产力不相符合的生产关系，革故鼎新才能不断解放生产力和发展生产力，创造出比资本主义生产力更加优越的劳动生产率，才能彰显制度的优越性。为了解放和发展生产力，社会主义社会也要自觉进行改革。恩格斯指出："所谓'社会主义社会'不是一种一成不变的东西，而应当和任何其他社会制度一样，把它看成是经常变化和改革的社会。"[①]可见，作为中华文明独特智慧之一的"革故鼎新"与科学社会主义基本原理的"解放生产力和发展生产力的社会主义要求"高度契合。

第四，"天下大同"与"共产党人所追求的最高理想：实现共产主义"的科学社会主义基本原则高度契合。"天下大同"是我国传统文化的核心理念之一，它突出反映了中华民族对理想社会的向往和期盼。大同社会理想的最经典描述出自《礼记·礼运》："大道之行也，天下为公，选贤与能，讲信修睦。故人不独亲其亲，不独子其子，使老有所终，壮有所用，幼有所长，矜、寡、孤、独、废疾者皆有所养，男有分，女有归。货恶其弃于地

---

① 《马克思恩格斯选集》第4卷，人民出版社2012年版，第601页。

也,不必藏于己;力恶其不出于身也,不必为己。是故谋闭而不兴,盗窃乱贼而不作,故外户而不闭,是谓大同。"这段话完整呈现了古人对社会公平、人间正义的强烈追求。共产党人所奋力实现的共产主义制度与天下大同理想高度契合,从某种程度上可以说,共产主义这一人类最美好的社会制度是古人念兹在兹、朝斯夕斯的大同社会的当代创新与发展。在共产主义社会,物质财富极大丰富,消费资料按需分配;社会关系高度和谐,人们精神世界极大提高;每个人都将得到自由而全面的发展,人类最终实现从必然王国向自由王国的飞跃。可见,天下大同的社会理想与共产主义制度高度契合。

(二)中华文明的精神特质构成了中国道路的深厚文化底蕴

近代中国仁人志士苦苦寻觅中国道路。开辟一条通向现代化与民族伟大复兴的中国道路,是近代以来中华民族的世纪梦想。1840年中英鸦片战争一役,使积淀了几千年荣光的封建王朝一败涂地,此后一步步成为半殖民地半封建社会,国家蒙辱、人民蒙难、文化蒙尘,中华民族遭受了前所未有的劫难。国家面临的巨大危机,惊醒了沉睡的中国人,一大批先进开明的中国人睁眼看世界,从这一刻起,实现工业化现代化以及重现中华民族的昔日辉煌就正式成为了中华民族的追求,同时也标志着一大批志士仁人就此开始了探索通向民族复兴的道路。最初的洋务派见识到了西洋军事器物的先进强大,意识到清廷军事武器的落后陈腐,因而提出了"中学为体,西学为用",即在不改变传统政治制度、思想文化的前提下,专注于学习西方的先进技术。然而,随着中日甲午战争一战,洋务运动的最大硕果——北洋舰队全军覆没,洋务运动黯然退场。紧接着,维新派意识到甲午战争的胜利国日本,正是在学习西方政治制度之后,才逐渐实现了富国强兵。于是,维新派公车上书,力主变法维新实行君主立宪。然而,阻挠变法的顽固派过于强大,随着"戊戌六君子"的血洒刑场,变法自强之路就此退出了历史舞台,再也掀不起风浪。前两次探索失败的沉痛打击,唤起了中国人的革命意识。他们意识到不推翻封建腐朽的清政府,彻底摧毁封建制度,中华民族将永无复兴之日。随着武昌起义的第一声枪响,全国各地纷纷响应,短短数日,便埋葬了在中国历史上存续了几千年之久的封建制度。不幸的是,革命的胜利果实被"虚情假意"的袁世凯窃取了,此后中国更是陷入了十多年的军阀混战。到此为止,中国依然没有找到通向民族伟大复兴的前进道路,道路探索之艰可见一斑。正当中华民族捶胸顿足之际,十月革命一声炮响,给中国送来了马克思主义,随着中国共产党的成立,中国人便由精神的被动转化为精神的主动了。但是,这也并不意味着,随着中国共产党诞生,中国道路就自然而然地呈现在中华民族眼前了。中国共产党也是几番周折,才探索出了以中国式现代化推进中华民族伟大复兴的光明道路。

中国共产党对中国道路的探索也是几经波折。新中国成立之初,由于遭到了美西方国家的联合封杀,加之与苏联同属社会主义国家的天然亲近感,中国做出了"一边倒"的部署。在苏联短期内实现社会主义工业化的强烈震撼下,初期我们在进行社会主义工业化建设时,从某种意义上讲,我们存在照抄照搬苏联模式之嫌。毛泽东主席曾对此做过说明,他说:"在经济建设方面,我们只得照抄苏联,特别是在重工业方面,几乎一切都抄苏联,自己的创造性很少。"①但是，苏联模式本身就不十全十美，再加上苏联模式是植根于俄国文明以及俄国现实国情基础之上的，移植到中国之后，一系列弊病逐渐显露。毛泽东主席敏锐地察觉到"苏联经验并非十全十美"，并下定决心探索适合中国国情的现代化道路。1956年4月，毛泽东主席在中共中央政治局扩大会议上作了《论十大关系》的报告。这篇报告不仅为党的八大召开进行了理论准备，也展现了中国共产党为寻找适合中国国情的现代化之路所作的努力。同年9月，党的八大召开，标志着中国共产党探索适合中国国情的社会主义建设道路取得了初步成果。然而，好的政策和模式并没有得到贯彻落实，此后一连串动乱风波使中国共产党对中国道路的探索陷入迷茫。

中国道路最终还是由中国共产党探索成功。改革开放之后，我们党深刻总结正反两方面的经验教训，将工作重心转移到经济建设和社会主义现代化建设上来，成功探索出了切合中国实际和符合中华文明传统的中国道路，打开了通往中华文明伟大复兴的光明之门。改革开放之初，总设计师邓小平就提出了"建设有中国特色的社会主义"和"中国式的四个现代化"的概念。邓小平所阐述的"建设有中国特色的社会主义"更多的是相对于苏联模式而言的，而"中国式的四个现代化"更多的是针对西方现代化道路。1979年3月21日，邓小平在接见外宾时指出："我们定的目标是在本世纪末实现四个现代化。我们的概念与西方不同，我姑且用个新说法，叫做中国式的四个现代化。"②纵览改革开放和社会主义现代化建设新时期，中国共产党对中国道路的探索既不照抄苏联模式，又不照搬西方模式，使中国道路日渐富有中国特

---

① 《毛泽东文集》第8卷，人民出版社1999年版，第305页。
② 《邓小平年谱（一九七五——一九九七）》（上），中央文献出版社2004年版，第496页。

色。党的十八大以来，中国特色社会主义进入了新时代，成功开创了中国式现代化新道路。对于"建设什么样的社会主义现代化强国、怎样建设社会主义现代化强国"的时代之问，习近平总书记在党的十九届五中全会第二次全体会议上首次明确提出"中国式现代化"的概念。《中共中央关于党的百年奋斗重大成就和历史经验的决议》将党的十九大报告概括的"八个明确"拓展为"十个明确"，特别是在第二个"明确"中增加了"以中国式现代化推进中华民族伟大复兴"的表述。党的二十大继续深化对中国式现代化的认识，在进一步强调中国式现代化的中国特色、全面建成社会主义现代化强国"两个阶段"战略安排的同时，明确了中国式现代化的本质要求和新时代推进全面建设社会主义现代化国家必须把握的重大原则。这些论述和战略部署，意味着中国式现代化理论的全面形成和完善，为在新征程上以中国式现代化全面推进中华民族伟大复兴提供了科学理论指导。

　　从文明维度深入考察中国道路的形成发展史，中国共产党之所以能够成功探索出中国道路，而更早期的仁人志士全都以失败告终，在于中国共产党不仅没有抛弃中华文明，而且在逐步深入探索中国道路的过程中，不仅将马克思主义同中国具体实际相结合，而且推动了马克思主义同中华优秀传统文化的结合。从这一层面上讲，是博大精深的中华文明尤其是中华文明的精神特质构成了中国道路的深厚文化底蕴。2021年3月22日，在福建考察朱熹园时习近平总书记曾深刻指出："如果没有中华五千年文明，哪里有什么中国特色？如果不是中国特色，哪有我们今天这么成功的中国特色社会主义道路？我们要特别重视挖掘中华五千年文明中的精华，把弘扬优秀传统文化同马克思主义立场观点方法结合起来，坚定不移走中国特色社会主义道路。"①在他看来，是传承5000多年不绝的中华文明同马克思主义基本原理的深度融合造就了中国特色社会主义道路。在中央政治局第三十九次集体学习时，他又强调："要把中华文明起源研究同中华文明特质和形态等重大问题研究紧密结合起来，深入研究阐释中华文明起源所昭示的中华民族共同体发展路向和中华民族多元一体演进格局，研究阐释中华文明讲仁爱、重民本、守诚信、崇正义、尚和合、求大同的精神特质和发展形态，阐明中国道路的深厚文化底蕴。"②习近平总书记这一重要论断，进一步阐释了讲仁爱、重民本、守诚信、崇正义、尚和合、求大同的中华文明的精神特质构成了中国道路的深厚文化底蕴。

中国共产党在百余年的奋斗历程中不断汲取中华文明"讲仁爱、重民本"的精神滋养。习近平总书记指出："中国连绵几千年发展至今的历史从未中断，形成了独具特色、博大精深的价值观念和文明体系，这在世界上是独一无二的。中国形成了适合我国实际、符合时代特点的中国特色社会主义并取得了巨大成功，这在世界上是独一无二的。"③这就进一步从唯物史观的高度揭示了中华文明独有的精神特质。唯物史观科学地阐明了人类文明的发展规律，讲仁爱、重民本是中华民族发扬民族精神、永葆中华文明精神密码的思想基础，这一核心精神特质历久弥坚，成为中国共产党领导各族人民推动实现中华民族伟大复兴的精神基因，为党的宗旨、群众路线、"以人民为中心"的发展思想等奠定了深厚的历史底蕴，有力地回答了"中国共产党是什么、要干什

---

① 《习近平谈治国理政》第4卷，外文出版社2022年版，第315页。
② 习近平：《把中国文明历史研究引向深入　增强历史自觉坚定文化自信》，《求是》2022年第14期。
③ 《习近平著作选读》第2卷，人民出版社2023年版，第131页。

么"这一根本问题。中国共产党领导全国各族人民在百年奋斗实践中不断赓续守诚信、崇正义的精神特质,并将其升华为我国社会主义核心价值观和全人类共同价值的重要价值理念,有力地回答了世界百年未有之大变局下中国及世界人民共同的价值追求"是什么"这一根本问题。"守诚信、尚正义"作为中华文明的标识和特质之一,以中国话语方式向世界表达了中国道路的可信、可敬。第一,中国道路是可信之路。这不仅意味着中国道路以科学理论为指导,坚持用以马克思主义之"矢"去射新时代中国之"的",而且意味着中国道路必然坚持"真主义"、解决"真问题",反对各种以假乱真的社会思潮歪曲事实、贬损发展。第二,中国道路是可敬之路。正义的国家必然发出正义的呼声、正义的人民必然谋求正义的事业、正义的实践必然需要正义的理论。这是中华文明"君子义以为上""见利思义""见得思义"之"崇正义"精神特质的应有之义。"尚和合、求大同"的精神特质是中华文明的根和魂,保证了中华文明的源远流长和丰富多彩,奠定了中国特色大国外交和人类命运共同体构建的历史文化底蕴。"尚和合、求大同"之所以是中华文明精神特质的精髓,主要在于它是中华民族的优秀民族性格与思想理念,是中华优秀传统文化的一个重要标识,其蕴含着深刻的哲学思辨和中国智慧,为人类命运共同体的构建提供了深厚的历史文化底蕴和中国智慧,回答了"建设一个什么样的世界、如何建设这个世界"的"世界之问"这一时代课题。

(三)中华文明的思想精华为中国式现代化提供了宝贵资源

党的十八大以来,习近平总书记高度重视中华文明,强调要深入挖掘和阐释中华文明的思想精华。中华优秀传统文化作为中华文明的思想精华，是中华民族在5000多年的生息繁衍中积淀而成的智慧结晶，是中华民族的根和魂。习近平总书记指出："5000多年连绵不断、博大精深的中华文化，积淀着中华民族最深沉的精神追求，包含着中华民族最根本的精神基因，代表着中华民族独特的精神标识，是中华民族生生不息、发展壮大的丰厚滋养。"①中华文明不仅是一种历史性的存在，支撑着中华民族生息繁衍的文化根脉，塑造了中华民族稳定的文化心理、精神追求等，更为我们民族的未来提供方向性指引，从抽象的精神、文化层面来说，是我们民族继续存续发展的根本精神动力。我们要深入理解中华文明，科学把握其思想精华，使其为我们拓展中国式现代化提供宝贵资源。

第一，"民为邦本，政得其民"的政治传统，为实现人口规模巨大的现代化提供思想支撑。

中华文明自创始时起，就格外注重"人"的价值和意义。就世界各大主要文明的形成初期来看，中华文明是世界上唯一在早期形成期没有创世神话的文明。1970年美国汉学家牟复礼（Frederick Mote）在其代表作《中国思想之源泉》一书中写道，美西方国家认为人和宇宙是神创造的产物，世界上大多数民族也都持这一主张，然而只有中华文明早期形成期没有创世神话，"这在所有民族中，不论是古代的还是现代的，原始的还是开化的，中国人是唯一的"②。这一观点深刻反映了中华文明自形成时都将"人"视为主体，突显了"人"在中华文明中的重要地位。"人受天地之中以生"③的古老观念表达了在当时的认知下，

---

① 中共中央宣传部编：《习近平总书记系列重要讲话读本》，学习出版社、人民出版社2016年版，第201页。
② 牟复礼：《〈中国思想之渊源〉序言》，北京大学出版社2009年版，第19页。
③ 《左传·成公十三年》。

人可以取得高于世间内其他一切事务和生命的崇高地位，在中华文明的早期就赫然形成了"人最为天下贵"[①]的理念。随着文明的发展，中华文明逐渐将从对"人"的重视拓展到对"民"的尊崇上。《尚书·五子之歌》有言道："皇祖有训，民可近不可下，民惟邦本，本固邦宁。"意即祖先早就传下训诫，人民是用来亲近的，不能轻视与低看；人民才是国家的根基，根基牢固，国家才能安定。这段话的背后还有一个历史典故：大禹之孙太康，因为没有德行，长期在外田猎不归，招致百姓反感，被后羿侵占了国都。他的母亲和五个弟弟被赶到洛河边，追述大禹的告诫而作《五子之歌》，表达怨恨与哀悔。远古"失国"的叹息，表现出"水能载舟，亦能覆舟"的道理。历数中国的王朝更迭可知，政治腐败、横征暴敛、民不聊生，往往是王朝更迭的主要原因。得民心者得天下，失民心者失天下，这是颠扑不破的历史真理。这一中华文明的思想精华无疑对人口规模巨大的现代化具有重要启示。在继续深入拓展中国式现代化的过程中，我们所高扬的人民至上、以人民为中心、全过程人民民主等，都离不开这一思想精华的涵养和支撑。人口规模巨大是中国式现代化的显著特征，只有充分尊重、保障和增加14亿多人民的利益，我们的中国式现代化道路才会越走越宽广。

第二，"天下为公、共享大同"的社会理想，为实现全体人民共同富裕的现代化提供宝贵的思想源泉。

天下为公、共享大同是中华优秀传统文化的核心价值理念，具体表现在以下三个方面：第一，财产公有。财货为全体社会成员所公有，这是大同社会的经济基础。既然财产公有，因此就不存在私有观念。第二，人人劳动。社会财货既属于社会公有，社

[①]《荀子·王制》。

会的所有成员就必须为社会各尽其力，各献其能，没有不劳而获者。这是大同社会的生活准则。第三，平等友爱。贤者、能者和社会其他成员是平等的，并没有贵贱之分。因此，社会所有成员之间"讲信修睦"，讲话诚实不欺，行为亲爱和睦，没有盗贼，没有战争，大家都过着幸福太平的生活。

上溯《礼记·礼运》对大同社会的刻画，近至洪秀全的"太平天国"，到康有为"去苦界至极乐"的《大同书》，及至孙中山以"天下为公"作为民主革命的最终目标，中国的志士仁人始终在为实现大同理想而奋斗。但是，大同理想的"天下为公"，主要是以分配上的平均主义为出发点，而不是建立在社会物质生产充分发展的基础上。因此，这种社会理想具有空想的性质。事实证明，所有这些奋斗都未能在中国大地上开出成功的花朵。在小农经济基础上企图实现"天下为公"是行不通的。

当前，我们所追求的全体人民共同富裕的共享原则、物质生活和精神生活都富裕的全面原则，即是对天下为公、共享大同思想资源的精神传承，可以看作是共同富裕的思想来源。共同富裕建立在对社会历史规律的科学认识和正确把握的基础之上，对社会生产力和生产关系的矛盾运动的科学分析的基础之上，因此才真正具有现实性。中国人民在唯物史观的指导下，从毛泽东的新民主主义论到习近平新时代中国特色社会主义理论，终于开辟出了一条通往大同理想的现实道路。

第三，"义利相兼"作为中华文明的思想精华，为实现物质文明和精神文明相协调的现代化提供充分的理论资源。

义与利二者的关系究竟该如何处理，一直是中国传统经济伦理中争辩不休的核心问题。纵观中华文明史，我们发现有主张重义轻利，也有主张重利轻义的；有主张先义后利，也有主张先利后义的；有主张义利两忘，也有主张义利相兼的。但是历史上，更多的人主张义利兼备。《周易大传·乾卦·文言》有言："利者，义之和也。""利物足以和义。"《周易·系辞下》也说："天地之大德曰生，圣人之大宝曰位。何以守位？曰：仁。何以聚人？曰：财。理财正辞，禁民为非，曰：义。"宋代张载《正蒙·大易篇》则强调："义，公天下之利。"义即利，即将天下公利置于第一位。他还说："利，利于民则可谓利。利于身，到于国，皆非利也。"和义即公利一个意思。真秀德在《问治国平天下章》中说："义者，天理之公也；利者，人欲之私也。二者如冰炭之相反。然一于义，则利自死其中。盖义者，宜也。利亦宜也。"明末清初王夫之在《尚书引义·禹宜》中则强调："立人之道曰义，生人之用曰利。出义入利，人道不立；出利入害，人用不生。……《易》曰：'利物和义。'义足以用，则利足以和。和也者，合也，言离义而不得有利也。"颜元在《四书正误》中更指出："以义为利，圣贤平正道理也。……其实，义中之利，君子所贵也。"他据此一反董仲舒之论，主张"正其谊以谋其利，明其道而计其功"。这些论者都发现，义与利二者不可分开，义实际上是在私利之上更多关注公利，在利己之上更多关注利人。着眼当下，在中国特色社会主义市场经济条件下，可以说"义"表征着精神文明，"利"指代着物质文明，义利相兼的思想精华可以为我们当前推进物质文明与精神文明协调发展的现代化提供强大的理论支撑。

第四，"天人合一"的哲学理念，为实现人与自然和谐共生的现代化提供可靠的理论依据。

习近平总书记所提出的人与自然和谐共生的中国式现代化观点，深深植根于中华优秀传统文化沃土。人与自然和谐共生的中国式现代化理念，在把自然视为人类发展的物质基础的同时，重视人在自然世界和人类社会的首创精神。在"天人合一"的思维模式中，中华民族向来秉持人与自然和谐共生的理念，在"天地万物为一体"的哲学智识中，中国古人践行着"敬畏生命""仁爱自然""取之有时"和"用之有节"等生态观念。人与自然是生命共同体，山水林田湖草沙是人类赖以生存的物质基础。中国式现代化主张对自然资源的善用、妙用，唯有如此，方能保障自然成为中国式现代化取之不尽、用之不竭的物质资源。在非对抗性的人与自然界的关系中，中国式现代化追求的是人在自然间的和谐生存状态，而自然万物在中国的发展中成为一种"自然而然"无须刻意造作的生存环境。党的十八大以来，以习近平同志为核心的党中央将生态文明建设视为"千年大计"，加快构建生态文明体系，将生态环境风险纳入常态化管理，铸牢了中华民族永续发展、高质量发展的自然基础。

第五，"和"文化作为中华文明的思想精华，为实现走和平发展道路的现代化提供可靠的文化保证。

"和"是中华传统文化绵延数千年的价值追求，也是中华文明的文化基因。首先是追求"和"的价值至上，即"和为贵"；其次是强调"和而不同"，即要尊重客观差异，寻求保持各个主体独立性的同时发挥各自所长、融合共生的理想途径；第三是重视"和平、和睦、和谐"，由个人修身延伸至社会关系、国家治理及国际关系等层面。处理国际关系方面，中华民族追求"和平"。中国自古倡导"强不执弱，富不侮贫"的理念，提出了"国虽大，好战必亡"的告诫。中华民族世代相传"化干戈为玉帛""睦邻友邦"，追求"天下大同"的理想。这一文化基因，使得中国人热爱和平、追求和谐、与人为善，也使得中国在融入世界的过程中，继承传统文化"和为贵""和而不同"的思想精髓，摈弃丛林法则，在国际环境中强调各国相互依存、休戚与共，倡导各国在追求本国利益时能够兼顾他国合理关切，不搞零和博弈，在谋求本国的发展中也要促进世界各国共同发展。我们主张，世界是丰富多彩的，多样性是人类文明的魅力所在，更是世界发展的活力和动力之源。主张和平发展的人类文明新形态，打破了国强必霸的大国崛起传统模式；主张美美与共、天下大同的文明新形态，超越文明冲突、冷战思维、零和博弈等陈旧观念，为世界和平发展描绘了新的理想图景。

三、"何以有为"：中国式现代化中的中华文明

（一）创造性转化和创新性发展

2016年5月17日，习近平总书记在哲学社会科学工作座谈会上的重要讲话中提出："要推动中华文明创造性转化、创新性发展，激活其生命力，让中华文明同各国人民创造的多彩文明一道，为人类提供正确精神指引。"①从习近平总书记的这段论述中，我们可以领会到，之所以要推动中华文明的创造性转化和创新性发展，是新时代以习近平同志为核心的中国共产党人坚持胸怀天下的济世情怀的生动体现。马克思曾经肯定过资本主义文明在世界近代化过程中的巨大作用，他说道："资产阶级在它的不到一百年的阶级统治中所创造的生产力，比过去一切世代创造的全部生产力还要多，还要大。自然力的征服，机器的采用，化学

---

① 习近平:《在哲学社会科学工作座谈会上的讲话》，人民出版社2016年版，第17页。

在工业和农业中的应用，轮船的行驶，铁路的通行，电报的使用，整个大陆的开垦，河川的通航，仿佛用法术从地下呼唤出来的大量人口——过去哪一个世纪料想到在社会劳动里蕴藏有这样的生产力呢？"①诚然，资本主义文明曾经历史性地为人类文明发展进步起到过十分积极的推动作用，但是资本主义在征服自然的同时必然导致环境的污染，生态系统的破坏；整个大陆的开垦客观上使人类世界得以形成真正的"世界历史"，但是在给非西方国家送去所谓的"文明"的同时，也给当地带来了一系列灾难。西方文明从骨子里信奉"丛林法则""零和博弈"，这种"不是你输，就是我亡"的文化心理占据主导地位时，世界根本不可能和平稳定，必定是乱象丛生。正是出于对全人类文明发展进步负责的高度责任感，习近平总书记才提出了将素以爱好和平闻名于世的中华文明进行创造性转化和创新性发展，借此为当今动荡的世界提供与众不同的中华和平发展智慧。这是因为中华文明自古以来就主张"天下大同"的和平主义和"革故鼎新"的发展创新意识，对其进行创造性转化和创新性发展，定然能够为世界和平与发展贡献中国智慧与中国方案。

在对中华文明、中国文化以及优秀传统文化进行创造性转化和创新性发展的过程中，我们必须要坚持"两个结合"的根本要求。习近平总书记在庆祝中国共产党成立100周年大会上的重要讲话中，首次明确提出"把马克思主义基本原理同中国具体实际相结合、同中华优秀传统文化相结合"的重大理论观点。尤其是第二个结合，对中华文明的创造性转化和创新性发展具有提纲挈领性的指导作用。习近平总书记又进一步明确了"创造性转化和创新性发展"的具体内涵。他指出，所谓创造性转化，就是按照

---

① 《马克思恩格斯文集》第2卷，北京：人民出版社2009年版，第36页。

时代的特点和要求，对那些至今仍有借鉴价值的内容和陈旧的表现形式加以改造，赋予新的时代内涵和现代表达方式，激活其生命力。所谓创新性发展，就是按照时代的新进步和新进展，对中华优秀传统文化的内容加以补充、拓展、完善，增强其影响力和感召力。虽然中华民族在5000多年的发展壮大史上创造了极为闪耀的中华文明，但是究其根本，它毕竟是封建社会形态下的产物，并且有很多内容也是为了维护封建制度的。所以我们在推进中国式现代化、建设中华民族现代文明的过程中，必须要对其进行创造性转化和创新性发展。但是这种创造性转化和创新性发展，必须同马克思主义基本原理结合起来，不能同马克思主义的人民立场相左，不能同唯物史观所指明的人类社会发展规律相违背，用马克思主义的真知灼见创造性转化中华文明中同中国特色社会主义不相符合的陈旧形式及其落后内容，创新性发展出为中国式现代化、中华民族伟大复兴服务的新内容。

新时代以来，以习近平同志为核心的中国共产党人在开创和推进中国式现代化的过程中，用马克思主义的真理力量激活了中华民族几千年创造的伟大文明，不断推动中华文明和优秀传统文化的创造性转化和创新性发展，实现了马克思主义与中华文明的相互作用、相互融合，使中华文明从传统形态跃升为现代形态，创造了中华民族的现代文明，为中华民族伟大复兴提供源源不断的精神动力。

（二）中华文明获得新的时代内涵

进入中国特色社会主义新时代，以习近平同志为核心的党中央团结带领全国各族人民坚持独立自主、自信自强、守正创新，成功推进和拓展了中国式现代化。而在这一伟大实践过程中，我们党在理论认识上也在不断深化发展，创立了习近平新时代中国特色社会主义思想。党的十九届六中全会通过的《中共中央关于党的百年奋斗重大成就和历史经验的决议》（以下简称《决议》）指出："习近平新时代中国特色社会主义思想是当代中国马克思主义、二十一世纪马克思主义，是中华文化和中国精神的时代精华，实现了马克思主义中国化新的飞跃。"作为中华文化和中国精神时代精华的习近平新时代中国特色社会主义思想，积极推动马克思主义同中华文明和优秀传统文化相结合，始终站在真理和道义的制高点重新检阅中华优秀传统文化，始终以现代视野接续中华文明，在"守正"的基础上进行"创新"，既实现了马克思主义与中华文明和优秀传统文化在制度、文化、价值观等方面的深度融合，又推动了中华优秀传统文化的创造性转化与创新性发展，是中华文明新的时代内涵。比如，从历史与现实、理论与实践结合的角度，立足时代之需，将"民为邦本，本固邦宁"的中华政治伦理创造性转化为以人民为中心的发展理念；将"以义制利，以道制欲"的中华经济伦理创造性转化为实现全体人民共同富裕的重要基础；将以天下国家为己任的责任意识创造性转化为中国精神；将"中为大本，和为达道"的中华社会伦理创造性地转化为人类命运共同体的重要支撑；将"天人合一，道法自然"的中华生态伦理创造性地转化为人与自然和谐共生的生存理念，等等，不断赋予中华文明以新的时代内涵。

第一，将"民为邦本，本固邦宁"的中华政治伦理，升华为以人民为中心的发展理念。"民为邦本，本固邦宁"出自《尚书·五子之歌》。意为人民是一个国家的根基，根本稳固了也就是人民安定了，国家才会长治久安。《荀子·哀公》有言："君者，舟也；庶人者，水也。水则载舟，水则覆舟。"意思是说：

君王就像一条小船，普通百姓就好像水一样。水可以让小船航行，当然也可以令小船倾覆。《礼记·大学》也有言："得众则得国，失众则失国。"就是说，君主得到人民的拥护，那么就能统治这个国家，反之，就会失去这个国家的统治权。从以上中华早期经典著作对君与民关系的论述可知，中国古代政治家、思想家在"民为邦本，本固邦宁"上有着共同的认知。可以说，自中华文明形成以来，包括在其后的中华文明发展的全过程，"民为邦本，本固邦宁"一直以来都是中华政治伦理的核心理念。1848年，远在千里之外的两个德国人马克思和恩格斯在《共产党宣言》中写道，取代资产阶级社会的，"将是这样一个联合体，在那里，每个人的自由发展是一切人的自由发展的条件"①。这与有着"民为邦本，本固邦宁"悠久历史传统的中国产生了共鸣。特别是党的十八大以来，习近平总书记以身作则，率先垂范将马克思主义基本原理同中华文明和优秀传统文化相结合，将马克思主义"每个人自由而全面的发展"的观点同"民为邦本，本固邦宁"的中华政治伦理相融通，创造性地转化出"以人民为中心"的发展理念，这是对"民为邦本，本固邦宁"所作出的极具现代性的演绎，赋予了其新的时代内涵。

第二，将"以义制利，以道制欲"的中华经济伦理创造性转化为全体人民共同富裕的重要基础。自古以来，"义""利"之辩就是中华传统经济伦理中的核心问题。千百年来，儒、释、道诸家都主张"义"字为先，倡导世人追求更高的精神世界。纵观延续了2000多年一直争论不休的义利之辩以及道与欲的关系的争论可知，在义利之辩中，历史上主要存在重义轻利、重利轻义、义利两忘、义利兼备、先义后利、先利后义等几种争论，但是长

---

① 《马克思恩格斯文集》第2卷，人民出版社2009年版，第53页。

期占据主流地位的价值取向是既利己，又利他人，而且利人高于利己，公利高于私利。在道与欲的争论中，占据主流地位的价值取向是以道制欲，即承认人只要存在就会有各种欲望，但是人既然作为社会存在，就必须对欲求进行规制。立足新时代，在实现中华民族伟大复兴的关键期，习近平总书记充分汲取"以义制利，以道制欲"的传统经济伦理智慧，使其成为全体人民共同富裕的重要理论基础。全体人民共同富裕首先是每个人物质上都要富足。改革开放之后，一部分人率先实现了财富自由，在资本主义生产关系和价值观的冲击下，先富起来的很多人忘记了当初"先富帮带后富"的历史责任，贪图个人享受，追求个人利益的最大化，更有甚者为富不仁，以身试法，走到国家和人民的对立面。这时候需要弘扬和创新发展千百年来形成的"以义制利，以道制欲"的中华经济伦理，约束规制资本的任性妄为，使其真正为全体人民共同富裕服务。

第三，将"中为大本，和为达道"的中华社会伦理创造性转化为人类命运共同体。传统儒家认为，中是普天之下最为根本的原则，和是天下所共同遵循的法度。实现了中和，天地便各归其位，万物便生长发育。"中为大本，和为达道"突出强调了中和的作用及其价值。中，被视为本体论的核心概念，是对宇宙万事万物运动变化规律的全面把握。"中"在具体实践中，集中体现为"和"。"和"的前提是承认差异的存在，承认差异产生的合理性、必然性，并且在此基础上，"和"还要求它们互相配合，互相联合，互相结合，创造出新的统一体，这就是董仲舒在《春秋繁露·基义》中所说的"凡物必有合"。立足百年未有之大变局以及中华民族伟大复兴的战略全局，习近平总书记充分汲取了"中为大本，和为达道"的中华社会伦理，创新性地提出了全人类共同价值,为构建人类命运共同体提供了重要的理论支撑。人类命运共同体要求世界各国在承认和尊重彼此差异的基础上,相互合作、相互帮衬、相互联合,命运与共,共同发展进步,是对"中为大本,和为达道"的中华社会伦理智慧的实践应用。

(三)文明之光点亮复兴之路

2022年5月27日,习近平总书记在中共中央政治局第三十九次集体学习时强调,要深入了解中华文明5000多年发展史,把中国文明历史研究引向深入,推动增强历史自觉坚定文化自信,为实现中华民族伟大复兴而团结奋斗。文化连接着一个民族的过去、现在和未来。文化似水,浸润无声,一个民族的复兴需要强大的物质力量,也需要强大的精神力量。在深入推进中国式现代化的进程中,我们要传承好源远流长、博大精深的中华文明,在此基础上,立足新时代中国特色社会主义伟大实践,在实践中唤醒、激活、弘扬中华文明,坚持对中华文明和中华优秀传统文化的创造性转化、创新性发展,建设中华民族的现代文明,充分释放中华文明的万丈光芒,照亮中华民族伟大复兴之路。

传承和弘扬中华文明需要进一步深化对中华文明的考古发掘工作。中华文明的起源一直以来都是国内外学术界关注的热点和难点问题。2002年,我们组织实施了中华文明探源工程等重大工程,加大了对中华文明探源工作的力度。经过20多年几代学者的不懈努力,一系列考古工程实证了我国一百万年的人类史、一万年的文化史、五千多年的文明史。虽然中华文明探源工程成绩斐然,但是目前仍然存在一些难题尚待解决,如:中华文明是如何起源、形成和发展的?中华文明从多地起源到中原王朝引领的一体化是如何形成的？中华文明发展的道路与机制有何特点？……正如习近平总书记所说："中华文明探源工程成绩显著，但仍然任重而道远，必须继续推进、不断深化。"①现如今，随着中国式现代化如火如荼地深入开展，中国的科技实力尤其是现代考古技术不断提高，我们不仅有意愿而且更加有能力进一步深化对中华文明的考古挖掘工作。通过考古发掘来进一步揭开中华文明之谜，为传承和弘扬中华文明提供更多的宝贵物质资源。

传承和弘扬中华文明还需要加大对考古遗址、历史文物的保护力度。在深化考古发掘工作的同时，也要注重对历史遗迹以及历史文物的保护工作。因为考古遗迹和历史文物是历史的亲身经历者和见证者，一旦遭到破坏，将是对传承发展中华文明的巨大损失，只有保护好了，才能进一步利用好。习近平总书记高度重视考古遗迹和历史文物的保护工作。他指出："考古遗迹和历史文物是历史的见证，必须保护好、利用好。"②习近平总书记始终坚持把历史文化遗产保护放在第一位，强调要敬畏历史，敬畏文化。在这一精神的指引下，文物保护法律制度日臻完善，特别是革命文物、伟人故居、烈士陵园等红色文化资源保护地方性法规逐渐增加；历史文化遗产资源资产管理制度逐步建立和健全；国家文物资源大数据库建设等工作相继展开；"先考古、后出让"的制度设计和配套政策已经出台并且在越来越多的地方实行。

传承和弘扬中华文明，更重要的是深入挖掘和利用中华文明所蕴含的智慧结晶。漫漫历史长河中，中华文明涵育了伟大民族精神和优秀传统文化，这是中华民族生生不息、长盛不衰的文化

---

① 习近平：《把中国文明历史研究引向深入　增强历史自觉坚定文化自信》，《求是》2022年第14期。

② 《习近平总书记关心考古的故事》，《人民日报》2023年7月31日。

基因，也是实现中华民族伟大复兴的精神力量。从天文历法到文化典籍，从诸子百家到经史子集，从哲学思想到民本理念，中华文明讲仁爱、重民本、守诚信、崇正义、尚和合、求大同的精神特质浸润着中华民族的血脉和灵魂，积淀着中华民族最深层次的精神追求；中华文化中的思想理念、传统美德、人文精神滋养着中华儿女的心灵和情感，培育了中国人民爱国主义、忧患意识和团结一致的崇高价值追求，这是更基础、更广泛、更深厚的自信，也是更基本、更深沉、更持久的力量。每一次中华民族生死存亡的关键时刻，这股力量都展示出顽强的生命力，支撑着中华民族一次又一次战胜危机、薪火相传。今天，中华文明绵延不绝的精神标识依然是推进新时代各项事业的强大动力，流淌在每一位中华儿女的血脉之中，我们无不为之骄傲，为之自豪。

传承和弘扬古代中华文明，是为了更好地建设中华民族现代文明。以文明之光点亮复兴之路，不仅需要从古代中华文明中汲取智慧力量，更需要中华民族现代文明的指引。在建设中华民族现代文明的过程中，必须坚持中国共产党的坚强领导。中国共产党自成立之日起就把建设民族的科学的大众的中华民族新文化作为自己的使命，积极推动文化建设和文艺繁荣发展。新民主主义革命时期，我们党提出"把一个被旧文化统治因而愚昧落后的中国，变为一个被新文化统治因而文明先进的中国"[1]，领导人民建设民族的科学的大众的新民主主义文化。社会主义革命和建设时期，我们党组织大规模的经济建设和文化建设，提出"百花齐放、百家争鸣"，大力建设社会主义文化。改革开放和社会主义现代化建设新时期，我们党重视文化建设，提出在建设高度物质文明的同时，努力建设高度的社会主义精神文明，发展面向现代

---

[1] 《毛泽东选集》第2卷，人民出版社1991年版，第663页。

化、面向世界、面向未来的，民族的科学的大众的社会主义文化。党的十八大以来，以习近平同志为核心的党中央统筹中华民族伟大复兴战略全局和世界百年未有之大变局，在领导党和人民坚持和发展新时代中国特色社会主义的伟大实践中，把文化建设摆在全局工作的重要位置，不断深化对文化建设的规律性认识，提出一系列新思想新观点新论断，涵盖了文化建设的各领域和全过程，既有整体性的原则遵循又有各个领域的重要任务，既有全局性的战略部署又有各个方面的重大举措，是新时代党领导文化建设实践经验的理论总结，为丰富和发展马克思主义文化理论作出了原创性贡献，为建设中华民族现代文明提供了根本遵循。习近平总书记在2023年6月2日文化传承发展座谈会上的重要讲话中提出了一系列新思想新观点新论断，进一步丰富和发展了我们党关于文化建设的思想。比如，明确提出"如果不从源远流长的历史连续性来认识中国，就不可能理解古代中国，也不可能理解现代中国，更不可能理解未来中国"；明确提出"在五千多年中华文明深厚基础上开辟和发展中国特色社会主义，把马克思主义基本原理同中国具体实际、同中华优秀传统文化相结合是必由之路"；明确提出"'结合'的结果是互相成就"，"让马克思主义成为中国的，中华优秀传统文化成为现代的，让经由'结合'而形成的新文化成为中国式现代化的文化形态"；明确提出"'结合'巩固了文化主体性，创立新时代中国特色社会主义思想就是这一文化主体性的最有力体现"；明确提出"新的文化使命"，强调"在新的起点上继续推动文化繁荣、建设文化强国、建设中华民族现代文明，是我们在新时代新的文化使命"；等等。①这些新思想新观点新论断，充分体现了习近平总书记的高

---

① 习近平：《在文化传承发展座谈会上的讲话》，《求是》2023年第17期。

远战略考量、宏阔历史视野、高度文化自觉，为我们担负起新的文化使命、建设中华民族现代文明指明了前进方向，提供了根本遵循。

习近平新时代中国特色社会主义思想作为"两个结合"的典范，以原创性理论贡献标注了我们党推进理论创新的时代高度，赋予马克思主义鲜明的时代特色、民族特色、历史特色，是中华文化和中国精神的时代精华。这一思想科学回答了马克思主义同中华优秀传统文化和中华文明如何有机结合这一历史性课题，实现了马克思主义中国化新的飞跃，激发了中华文明新的强大活力，加速了中华文明的现代化进程。在这一伟大思想指引下，实现中华民族伟大复兴进入了不可逆转的历史进程，中国式现代化道路越走越宽广，在世界百年未有之大变局中继续引领时代发展和人类文明进步方向。

第二章

在世界文明中绽放异彩

人类文明多样性是世界的基本特征。文明具有多样性，就如同自然界物种的多样性一样，一同构成我们这个星球的生命本源。综观世界文明史，古埃及文明、古巴比伦文明、古印度文明、中华文明、古希腊文明、古罗马文明、玛雅文明、伊斯兰文明等等，这些世界公认的古代文明，对人类的发展具有重要影响。人类各大文明的发展，似百舸争流，不先则后，不进则退。现代化是人类文明的深刻变革，是一种不可逆转的时代潮流，是人类社会谋求进步的必由之路，也是各种文明以各自的方式必经的历史阶段。正如西方文明的现代化一样，其他非西方文明完全可以在不放弃自身传统文明的前提下，以不同的方式实现各自的现代化。

　　中国现代化起步较晚，经历了落伍者、追赶者的发展过程，在中国共产党领导下，中国式现代化植根于悠久的中华文明，吸收包括西方文明在内的其他文明的优秀成果，已发展成为现代化的开拓者。中国式现代化所蕴含的文明观，在世界文明百花园中独具魅力，在新时代不断赋予新的生机与活力，必将在与世界文明的平等互鉴中绽放异彩。

一、一花独放不是春，百花齐放春满园

　　人类文明发源于地球的多个地域，由于各个文明发源地的地理和自然条件不同，特别是受气候的影响，生存条件各异，不同地域的不同民族进入文明时期，便形成各具特色的文明特征。因此，人类文明从开创时期起就是多元的，具有多样性。

（一）人类文明的多样性

众多古老文明，彼此交相辉映、相得益彰，为人类文明进步作出了重要贡献，共同推动了人类文明的整体发展。两河流域文明、古埃及文明、古印度文明、中华文明、玛雅文明、印加文明，这些世界上公认的原生文明，呈现出古代人类文明的多样性。公元前3500年到公元前539年的两河流域文明，创造了人类最早的文字——楔形文字；驯化了牛、羊等动物，创造了灌溉农业；创造了人类历史上最早的城市和神庙；最早把轮子用于交通运输，发明了平方根和立方根的数学函数；著名的汉谟拉比法典是古代第一部比较完整的成文法典，也是世界上现存的第一部比较完备的成文法典。公元前3100年到公元前332年的古埃及文明，创建了将世俗和宗教权力集为一体，行政、立法、司法和宗教高度集权的法老政体；创造了世界已知最早的字母；发明了历史上最早最便利的书写莎草纸；最早使用太阳历；发明了计算三角形的面积及金字塔、圆柱体和半球体积的方法；金字塔的建筑艺术成为世界建筑之谜；进行了世界已知最早的手术，创造了木乃伊防腐技术；发明了世界已知最早的玻璃制造技术。古印度文明创造了一个璀璨的文明时代，创立了现在世界上三大宗教之一的佛教，留下了大量精美的绘画和雕塑，还有我们比较熟悉的石窟艺术，以及世界上最长的文化史诗——《摩诃婆罗多》和《罗摩衍那》。古印度最重要的成就是发明了十个数字符号（0是以黑点表示）和定位记数法。这种记数法为中亚地区许多民族所采用，阿拉伯人对十个数字略加修改后传到欧洲，逐渐演变为现今全世界通用的"阿拉伯计数法"。中华文明，从夏商时期发明的象形文字——甲骨文一直传承发展到今天的中华汉字，造纸术、火药、指南针和印刷术，被誉为中国古代"四大发明"；丝绸、瓷器、中药、茶叶是"四大技术发明"；中国古代冶金术、陶瓷术、造船术、航海术、建筑工程技术、园林工艺、农业技术都达到当时世界科学、技术和工艺的顶峰；创定了与农耕技术紧密相联的天文历法，发明了圭表，将一年分成了二十四个节气，指导人们的日常生产生活。神秘的玛雅文明，在农业生产方面，玛雅人为人类作出了巨大贡献，培育出了西红柿、豆子、可可、玉米等。尤其是玉米，这种本来生长于美洲的野生植物，长期未被人类发现和食用，是玛雅人将其培育成可以量产的粮食作物。后来欧洲人发现美洲后，将其种植技术传播到了全世界。玉米曾经帮助全世界很多地方度过饥荒，玛雅人功不可没。在建筑和艺术方面，玛雅人曾经用石头建造了大量规模宏大的庙宇、石碑、殿堂等，在现存遗址上依稀可以看到各种精美的雕刻图案，画面栩栩如生，是当今世界壁画艺术的宝藏！在天文历法和数学方面，玛雅人的造诣是超前的，他们通过对太阳运行的观察，确定一年为365.242天，与现代天文学计算的365.2423天几乎完全一致；和印度人几乎是同时使用"0"概念。公元12世纪到16世纪的印加文明是美洲文明中的一个辉煌传奇。印加文明拥有无数辉煌的印证：它建造了发达的道路系统，被称为"新世界的罗马"；印加时代的巨石建筑至今巍然挺立，拼合紧密的石块间几乎没有空隙；在农业生产方面，印加人建造了梯田，建立起庞大的水利系统，并且能种植40多种农作物。此外，印加人在金属加工工艺、麻醉术、解剖学等方面也有很高的成就。

　　人类文明发展到当代更加呈现出多样性特征。世界文明史上，最早的文明被后来的文明所覆盖，而后来的文明再被更后来的文明所覆盖，由此形成原生的、次生的和再次生的文明。这些依次形成的文明把各自的文化遗产积淀下来，融合成新的文明。原生文明演化出多种次生文明，次生文明演化出更多的再次生文明，从而形成文明越来越多样化趋势。当今世界200多个国家和地区、2500多个民族、6000多种语言、多种宗教，各个国家、地区、民族基于不同的生存环境、不同的生产方式、不同的历史和国情、不同的文化传承、不同的民族习俗，孕育了不同的文明，呈现了现代文明的多样性。文明的多样性现已得到国际社会的充分肯定。1998年，联合国大会正式通过决议确认世界上各种不同文明的存在，并把2001年定为"文明对话年"。2001年，联合国教科文组织第31届大会通过了《世界文化多样性宣言》。2005年，联合国教科文组织第33届大会通过了《保护和促进文化表现形式多样性公约》。国际组织的这些重要文件，不仅反映了当前世界文明的实际状况和发展趋势，而且表达了世界各族人民要求发展各自的文明和保持自己的文化特性的热切愿望，并且还形成了保护尊重世界文明多样性的国际义务。

  文明多样性是世界的基本特征。世界上的每一种文明都有其独特魅力和深厚底蕴，都是人类的精神瑰宝。"各国历史文化和社会制度差异自古就存在，是人类文明的内在属性。没有多样性，就没有人类文明。多样性是客观现实，将长期存在。"[①]人类各不同文明正是基于多样性，在相互的竞争、交流、互鉴和融合中取得进步，推动社会发展。中国政府一直认为，只有承认、尊重各文明的多样性，才能在各文明之间进行平等的对话，才能充分地去认识各文明在世界文明发展中独特的价值以及对世界文明的独特贡献，才能充分地去研究、探讨其他文明较之自己文明的长处。尊重世界文明的多样性，就要尊重各文明不同的价值观

[①] 《习近平谈治国理政》第4卷，外文出版社2022年版，第460页。

念、宗教信仰、文化传统，就要尊重各国自主选择适合自己国情的政治制度、经济制度、文化制度的权利，就要尊重各国自主选择自己的发展道路的权利。尊重世界文明的多样性，就要尊重各国彼此的核心利益和重大关切，客观理性看待别国发展壮大和政策理念，努力求同存异、聚同化异。尊重世界文明的多样性，就应该努力促进各种文明的相互交流、相互学习、相互借鉴，取长补短，最终达到共同发展、共同繁荣，而不是有意无意地扩大各类文明之间的矛盾、争端，甚至排斥、压制某一些文明的发展。尊重世界文明的多样性，每一种文明，都要学会与其他文明和平共处，不得把自己的价值观、社会制度、意识形态、发展模式作为世界文明的"标准"强加于他国。尊重世界文明的多样性，就是把世界文明多样性与各国差异性转化为发展活力和动力，在良性竞争的同时互利合作，共同构建人类命运共同体。

（二）人类文明的融合发展

人类文明在相互交流、借鉴、吸收中不断融合发展。一种文明的核心部分可能是汲取于另一种文明的精华或是来自于另一种文明的输送。有些文明的优秀成果得到广泛传播后，已经成为世界性的"共有知识"或共有的生产生活方式，或经交流互鉴以另一种方式存续。纵观历史，人类不同区域创造的各大文明在交流互鉴中薪火传承、各取所长，不断发展壮大、升级，逐步融合演变，激荡出一幅可歌可泣、波澜壮阔的人类历史进程画卷。

古希腊文明作为西方文明的源头，孕育了西方哲学、文学、艺术、历史学、政治学、民主制度、数学、戏剧等，科学脱胎于古希腊的自然哲学。爱琴海文明（包括克里特文明、迈锡尼文明等）是古希腊文明的起点，爱琴海处于两河流域文明与古埃及文明向地中海和欧洲扩张的必经之路，爱琴海文明融合了这两大古老文明的成就。因此，可以说古希腊文明是两河文明、古埃及文明两大原生文明的次生文明。古希腊最早的文字为克里特岛和迈锡尼的线形文字，它是在两河流域文明楔形文字的间接影响下产生的。受到古埃及文字和两河流域文字影响的西奈和腓尼基产生了一种简便的字母体系，其中腓尼基的毕布勒字母包括22个辅音字符，它更适合商业活动的需要。约公元前1000年，古希腊人借用腓尼基字母，创造了世界上第一个包含辅音和元音字母的字母表。希腊早期古代文学作品包括史诗、谚语和格言，多与两河流域文学有渊源关系。古希腊荷马史诗《奥德赛》和《伊利亚特》，深受两河文明史诗《吉尔伽美什》的影响。古希腊人学习借鉴了古巴比伦和古埃及一昼夜的时间区段划分，创建了24小时制。出于河流泛滥后重新丈量土地的需要，古埃及人很早就发明了几何学。古埃及几何学传入古希腊后，古希腊人将这门学科发扬光大。到后来的希腊化时代，欧几里得将几何学研究推向高峰。古希腊医学深受古埃及医学和古巴比伦医学的影响。在哲学和科学方面，古埃及文明对古希腊产生很大影响。古希腊的很多思想家、科学家，如早期雅典的立法者梭伦、古希腊著名数学家毕达哥拉斯，以及思想家柏拉图、德谟克利特等，都曾游历过古埃及，在古埃及领悟了许多哲学思想和科学知识。可以说，他们在哲学及科学领域取得的成就，都受到了古埃及文明的影响。

　　文明只有交流互鉴才能交相辉映、薪尽火传、涅槃辉煌。古老的文明通过民族融合、宗教传播、文化影响等途径而使异族接受自己的文化，或形成一种融合的文化。另外，通过对周边民族的影响也能间接保留古老文明的遗产，两河流域和古埃及对古希腊的影响即为此例。因此，有些古老文明虽然在形式上灭亡了，但其丰富的文化遗产仍然通过种种方式保留了下来，从各个方面深刻地影响了该地区的文明。例如，犹太教、基督教和伊斯兰教三大宗教均大量继承了两河流域、古埃及和古希腊等古老文明的遗产，伊拉克南部沼泽地带阿拉伯人的住房样式与几千年前的苏美尔人几乎没有什么两样。而且，正是在这种文明的激烈冲突、碰撞中，各个民族的发展加快了。古代世界有四大纺织文化圈。一是以地中海为中心的以亚麻和羊毛纺织纤维为纺织原料的文化圈。亚麻起源于埃及，埃及萨克拉遗址出土过亚麻标本。羊毛则起源于西亚两河流域，伊拉克施米尔的古巴比伦遗址发现过羊毛标本。受近东和北非地区影响，古希腊人和希腊文化的继承者古罗马人继承并发展了这一文化圈。二是印度以棉花纺织纤维为纺织原料的文化圈，包括草棉和木棉两类，棉纤维的使用在印度河古文化遗址摩亨始·达罗（Mohenjo-drao）已有大量发现。三是美洲玛雅人以羊毛和棉花纺织纤维为纺织原料的文化圈。四是以中国为中心的以丝纤维为主要纺织原料的文化圈。四大纺织文化圈在数千年的相互交流融合中共同推动人类纺织及服饰文化的发展。起源于西亚地区的基督教，后来成为欧洲文明的宗教内核；起源于印度的佛教经中国传至日本、朝鲜、蒙古等国，并融合不同国家传统文化价值内核而产生了新的本土化形态。中国"四大发明"的每一项，对于人类文明进步都具有基础性意义。若没有造纸术和印刷术的应用，难以想象古兰经和基督教教义能够得到广泛传播；火药的发明与传播也影响了15世纪后欧洲一些具有决定性的战争与革命的结果；指南针传播到欧洲之后为新航路的开辟提供了航海罗盘技术。中国与欧洲之间，在"西学东渐"之前有过长期的"东学西渐"。伊斯兰教先知穆罕默德留下名言"知识，虽远在中国，亦当求之"。阿拉伯人不仅在经商、航海、医学知识方面推动文明交流互鉴，成为文明交流的枢纽，更是将实际上由古代印度人发明的"阿拉伯数字"传播到全世界，成为"数字化时代"的先驱。文明正是在交流互鉴中凸显了彼此间的特质与内核差异，同时也有越来越多共享融合的内容。文明共享与融合的情况是普遍存在的。一花独放不是春，百花齐放春满园。当今世界文明版图，是各地区各民族文明及其相互关系历史演进的结果，每一种文明都是基于各自生产生活方式、思想文化、制度构建与社会规范而形成的，都是人类智慧结晶。不同文明有不同特色，共同构成了世界文明多样性。

（三）中华文明的突出特性

2023年6月2日，习近平总书记在文化传承发展座谈会上的重要讲话中，全方位、深层次概括中华文明的突出特性，深刻阐释中华文明具有突出的连续性、创新性、统一性、包容性、和平性。①

中华文明具有突出的连续性。在世界文明史上，中华文明具有其他古老文明未曾出现的稳定性和持久性，中华文明不仅在政治史上保持了连续性，在文化发展史上的连续性尤其显得突出。中国古代的语言文字在发展过程中从未发生断裂的现象。汉字是传承和弘扬中华文明的基本载体，是中华文明最重要的独特的文化创造，汉字不间断地记录了中华文明的历史。中华文明在长期演进过程中，形成了中国人看待世界、看待社会、看待人生的独特价值体系、文化内涵和精神品质。从夏商周开始，周代沿袭了夏、商两代的文化，又进一步加以发展，几千年来不断地在继承

---

① 《习近平在文化传承发展座谈会上强调　担负起新的文化使命 努力建设中华民族现代文明》，《人民日报》2023年6月3日。

中变革、在变革中继承，体现在天下为公、民为邦本、为政以德、革故鼎新、任人唯贤、天人合一、自强不息、厚德载物、讲信修睦、亲仁善邻等宇宙观、天下观、社会观、道德观中，形成中华文明的智慧结晶。中华文明的连续性从根本上决定了中华民族必然走自己的路，只有充分理解了中华文明的连续性，才能真正理解古代中国、现代中国以及未来中国。

中华文明具有突出的创新性。中华民族自古以来就富有创新精神。在中华民族发展的各个历史时期，创新精神不断被阐扬，不断告诉人们创新是革故鼎新的实质、核心和根本，是社会发展、文明进步的不竭动力。文明是人类社会对于野蛮的否定过程。一个文明只有不断地新陈代谢，不断地否定自身中的消极成分，才能永葆生机和活力，否则就不能摆脱衰亡的命运。中华文明能够生生不息、绵延不断5000多年，就是因为中华文明具有突出的创新性，从革故鼎新到守正创新，创新性是中华文明一脉相承的精神基因。马克思主义的传入对绵延5000多年的中华文明来说是一件前所未有的大事，激活了中华文明的生机和活力，在中华文明史上实现了深刻的变革。改革开放四十多年来，解放思想、实事求是，大胆地试、勇敢地改，闯出了一条新路、好路，干出了一片新天地，实现了从赶上时代到引领时代的伟大跨越。特别是党的十八大以来在守正的基础上，更加强调创新，以巨大的政治勇气全面深化改革，打响改革攻坚战，面对新矛盾新挑战，敢于冲破思想观念束缚，突破利益固化藩篱，坚决破除各方面体制机制弊端。中华文明突出的创新性从根本上决定了中华民族守正不守旧、尊古不复古的进取精神，决定了中华民族不惧新挑战、勇于接受新事物的无畏品格。

中华文明具有突出的统一性。自秦汉以来，中国就是一个统一的多民族国家。从政治方面来看，尽管在一些历史时期也曾出现过分裂局面：东汉以后，出现了约60年的三国鼎立局面；西晋以后，出现了两百多年的南北分裂时期。但统一始终是主流，而且不论分裂的时间有多长、分裂的局面有多严重，最终都会重新走向统一。经过南北朝分裂以后出现的隋唐统一政权，是中国统一的进一步发展，相比罗马帝国灭亡以后根本没有这种现象。"六合同风、九州共贯"是中华民族始终追求的国家大一统的政治理念，强调全国教化相同、政令上下统一。中华文明几千年来始终生生不息、延续不断，一个重要原因就是大一统的思想，中华民族历来有维护国家统一的传统，各族人民都把维护国家统一看作天经地义、义不容辞的神圣使命与责任。中华文明突出的统一性从根本上决定了中华民族各民族文化融为一体、即使遭遇重大挫折也牢固凝聚，决定了国土不可分、国家不可乱、民族不可散、文明不可断的共同信念，决定了国家统一永远是中国核心利益的核心，决定了一个坚强统一的国家是各族人民的命运所系。

中华文明具有突出的包容性。中华文明为什么能够历经5000多年演进，绵延不断，并与时俱进？因其具有开放、吸纳、包容异质文明的能力，每当遭遇到由社会危机引发的文明危机，中华民族能依据时代和社会的变迁，通过文明内部的自我批判、自我改造从而实现文明的创新发展，以及文明形态的近现代转换。中华文明是在同其他文明不断交流互鉴中形成的开放体系。文明因多样而交流，因交流而互鉴，因互鉴而发展。中华文明正是在数千年间与世界各文明的不断交流互鉴中得以发展壮大。中国历史上发生在丝绸之路上的文化交流堪称是世界文明交流互鉴的典范。在中华民族同其他民族的友好交往中，逐步形成了以和平合作、开放包容、互学互鉴、互利共赢为特征的丝绸之路精神。中华文明突出的包容性从根本上决定了中华民族交往交流交融的历史取向，决定了中国各宗教信仰多元并存的和谐格局，决定了中华文化对世界文明兼收并蓄的开放胸怀。

中华文明具有突出的和平性。中华文明本质上是一种"和"的文明，承认并尊重事物的多样性、差异性，以"和"呼应"多"，互相包容、求同存异、共生共长。中华文明始终崇尚和平、和睦、和谐的价值观追求。主张以和为贵，认为不同文明之间应该互学互鉴、平等交流，反对文明冲突，要对话而不要对立。在处理民族关系、国际关系上，主张"协和万邦"，主张民族不分大小，国家不分强弱，彼此之间应本着相互平等的原则，实行相互援助的方针。反对侵略，热爱和平，主张各国互相团结，各国人民和睦共处。自古以来，中国人民崇尚亲仁善邻、讲信修睦，追求天下太平。中国人自古就提出了"国虽大，好战必亡"的箴言，"以和为贵""天下太平""天下大同"等理念世代相传。中华文明突出的和平性从根本上决定了中国始终是世界和平的建设者、全球发展的贡献者、国际秩序的维护者；决定了中国不断追求文明交流互鉴而不搞文化霸权；决定了中国不会把自己的价值观念与政治体制强加于人；决定了中国坚持合作、不搞对抗，决不搞"党同伐异"的小圈子；决定了中国将始终走和平发展道路，始终致力于维护世界和平，促进人类发展进步。

二、现代化≠西方化

习近平总书记指出："现代化不是少数国家的'专利品'，也不是非此即彼的'单选题'，不能搞简单的千篇一律、'复制粘贴'。一个国家走向现代化，既要遵循现代化一般规律，更要立足本国国情，具有本国特色。什么样的现代化最适合自己，本国人民最有发言权。"①从历史和现实讲，西方现代文明仅仅是众多现代文明中的一种，绝不能讲西方文明就是现代文明。正如西方文明的现代化一样，其他非西方文明的现代化，都表现为从自身的传统文明转型到现代文明。非西方文明，立足于自身的文化传统，完全能够以不同的方式完成各自的现代化进程。

（一）现代化是人类文明的深刻变革

现代化是指从传统农业社会到现代工业社会、从现代工业社会到现代知识社会转型的历史进程。从传统农业社会到现代工业社会的转型是第一次现代化，从现代工业社会到现代知识社会转型是第二次现代化。现代化是人类文明的一种深刻变革，是一种不可逆转的时代潮流，是人类社会谋求进步的必由之路，也是各种文明以各自方式必经的历史阶段。现代化使得人类以前所未有的方式，控制和营造其与传统社会大不相同的生存环境。在人类文明史上，现代化所产生的变革，堪比公元前3000年四大古文明的开创。人类各个文明的现代化过程，都是一场深刻变革的过程，生产力发展水平、生产方式、价值观念、社会制度、生活方式等，与传统社会相比均发生了全面变革。现代化是一场没有终点的国际竞赛，这场竞赛是以现代形态的民族国家为单位自发地无序进行的。中国科学院中国现代化研究中心提出了世界现代化指数（第一次现代化指数、第二次现代化指数和综合现代化指数）和现代化国家的分类标准。现代化国家的三个标准：一是定

---

① 习近平：《携手同行现代化之路——在中国共产党与世界政党高层对话会上的主旨讲话》，人民出版社2023年版，第3页。

量标准。国家现代化指数要达到或超过高收入国家平均值的80%，60%的现代化指标的水平要达到发达水平，关键现代化指标的平均水平要达到发达水平。二是排名标准：现代化指数、关键现代化指标的排名要进入世界前20位。三是定性标准：六个领域包括经济、社会、政治、文化、生态、人的现代化都要达到世界先进水平。其中有三个方面非常关键，即先进生产力、社会公平进步和人的全面发展。三个方面都必须达到世界先进水平。人类文明的这次深刻变革主要体现在以下几个方面：

第一，经济工业化、知识化。经济现代化是技术创新推动的，技术变迁既是经济现代化的动力，也是经济现代化的重要内涵。农业社会是现代社会的母体，现代化的起点是传统的农业社会。传统农业社会是以农业为主体，农业为主导，反映在产业结构上是农业、农业劳动力的比重占大头（农业劳动力比例大于80%）。第一次现代化是从农业经济向工业经济、自给经济向市场经济的转型过程及其深刻变化，包括从小农经济向商品经济、土地经济向资本经济、自然经济向技术经济、分散经济向集中经济、地区经济向国民经济的转变。其主要特点包括工业化、机械化、电气化、自动化、专业化、标准化、集中化、规模化、市场化、非农业化（农业比例持续下降）等。第一次现代化在产业结构上的变革表现在，农业占比下降，工业占比上升。第一次现代化的过程分为四个阶段：起步期（农业劳动力比例50%—80%），时间为1760—1870年，以机械化为核心，主要特征是蒸汽机、纺织机。发展期（农业劳动力比例30%—50%），时间为1870—1914年，以电气化为核心，主要特征是发电机、电动机。成熟期（农业劳动力比例10%—30%），时间为1914—1945年，主要特征是汽车、飞机、电视、原子弹。过渡期（向第二次现代化过渡，农业劳动力比例小于10%），时间为1945—1970年，以自动化为核心，主要特征是电子技术、自动控制、原子能、空间技术、高速公路。第二次现代化是从工业经济向知识经济、物资经济向生态经济的转型过程及其深刻变化，包括从产品经济向服务经济、资本经济向信息经济、实体经济向虚拟经济、规模经济向创新经济、效率经济向效益经济、国民经济向世界经济的转变。其主要特点包括知识化、信息化、服务化、智能化、分散化、生态化、绿色化、非物质化、全球化、非工业化（工业比例持续下降）。第二次现代化在产业结构上的变革表现在工业占比下降，知识业占比上升。截至21世纪20年代，第二次现代化的过程分为两个阶段：起步期（物质产业劳动力比例30%—40%），时间为1970—1992年，生产力的驱动因素是第一次信息革命、个人电脑普及。主要特征是计算机和通信技术、高技术、信息化、全球化、生态革命、可持续发展。发展期（物质产业劳动力比例20%—30%），时间为1992—2020年，生产力的驱动因素是第二次信息革命、互联网普及。主要特征是网络化、智能化、绿色化、生态化、网络空间、知识经济、知识社会。[①]

第二，社会城市化、福利化。伴随产业革命，人口脱离农村向城市集中，城镇人口不断增加，农村人口相对减少，城镇人口在国家总人口中的比重持续提高。城市区域的扩大和城镇数量逐渐增加，城市的功能、设施、管理日益完善。城市的经济关系和生产、生活方式广泛渗透到农村，农村生产关系逐步改变，城乡差别消除，城乡一体化。传统落后的乡村社会与先进的城市社会相融合。乡村除了提供现代化的农业之外，慢慢变成一种休闲的

[①] 〔意〕阿尔伯特·马蒂内利、何传启：《世界现代化报告：现代化与人类发展》，科学出版社2021年版，第53页。

生活方式。社会救济、保障、福利制度逐渐形成，初等教育、中等教育、高度教育逐步普及。在第一次现代化中，逐步实现从乡村社会向城市社会、家族社会向福利社会，封闭社会向开放社会等的转型。其主要特点包括城市化、福利化、开放性、公平性、社会分化、普及初等教育等。在第二次现代化中，逐步实从城市社会向城乡平衡社会、教育社会向学习社会、紧张社会向休闲社会、民族社会向世界社会等的转型。其主要特点包括城乡平衡、多样化、个性化、休闲化、妇儿权益、生态化、国际化、普及高等教育等。

第三，政治民主化、法治化。现代化进程每往前推进一步，都会推动所在国家的民主发展，进而导致公民政治参与的扩大。国家治理体系在现代化中越来越民主。社会法治程度越来越高，公民权利和社会意识不断觉醒。人民群众在法治社会中享受到公平正义。社会越来越开放。同时，与国际社会的交往不断增强，在国际社会的影响力和话语权不断提升。在第一次现代化中，逐步实现从传统的专制政治向现代民主政治转型。其主要特点包括政治民主化、法制化、制度化、系统化、平等化、自由化、专业化、政党化、公民化等。在第二次现代化中，逐步实现从权力政治向服务政治转型。其主要特点包括分权化、公开化、透明化、自主化、服务化、国际化、知识化、网络化等，将来还会有新的发展。

第四，文化专业化、产业化。启蒙运动之后，文化从社会整体中分离出来，逐步形成城市文化、大众文化、科学文化、职业文化、福利文化，随着现代化的推进，出现了文化产业、网络文化、生态文化、创意文化等多样化的现代文化形式。在第一次现代化中，逐步实现从专制文化向民主文化、封建文化向公民文化、宗教文化向世俗文化、迷信文化向科学文化、附庸文化向职业文化、家族文化向福利文化、农村文化向城市文化等的转型；在第二次现代化中，逐步实现从文化商品化向文化产业化、实体文化向网络文化、权威文化向平民文化、物质文化向生态文化、国家文化向全球文化、文化汇聚向文化多元化等的转型。

第五，人的全面发展不断提升。现代化的核心是人的发展，人的基本生存权利和发展权利获得普遍尊重和遵行。人口受教育程度不断提升，特别是高等教育越来越普及，国民素质、社会保险覆盖率、收入水平、生活质量包括环境质量、人口预期寿命不断提高。伴随着现代化，人的价值观念、道德素质、思维方式、精神面貌、审美情趣、宗教情绪、民族性格等过渡到现代文化心理状态。在第一次现代化中，逐步实现从传统人向现代人、伦理人向契约人、家族人向社会人、君臣关系向国家公民转型。其主要特点包括公民性、独立性、职业性、参与性、科学性、效率性、责任感、信任感、成就感、个人价值等。在第二次现代化中，逐步实现从现代人向后现代人、经济人向生态人转型。其主要特点包括知识性、网络性、自主性、多样性、创造性、生态性、幸福感、终身学习、自我实现、人的全面发展等。[①]

300多年的现代化演进在给人类带来福音的同时，也带来灾难，呈现出社会弊端。工业化时代战争次数明显增多，现代化的热兵器产生了数量巨大的死亡率和经济损失。工业化对地球的水资源、海洋资源、森林资源、生物物种、空气质量等形成很大破坏，物质主义流行严重危害精神文明的发展，等等。

---

① 何传启：《现代化科学领导干部读本》，人民日报出版社2019年版，第202—259页。

（二）西方现代化：历程与局限

现代化始于18世纪西欧英、法、德等国科学技术和生产方式的深刻变革。从世界现代化的地理扩散趋势来看，19世纪上半叶，现代化扩散到整个西欧、北美、澳大利亚和新西兰等。19世纪下半叶，现代化又扩散到东欧、南欧、拉美、部分的亚洲和非洲国家。20世纪上半叶，现代化扩散到世界多数地区和国家。[1]伴随全球化，现代社会各文明之间的相互作用日益增多，现代化促进了科学、技术、思想等在各文明之间快速交流和传播。西方文明最先实现了现代化，占据了绝对优势地位，充当世界文明中的霸主称霸全球。

西方在现代化第一次、第二次、第三次产业革命中一直处于世界领先地位。据中国科学院现代化研究中心《中国现代化报告2020》的研究发现，2017年现代化国家只有20个，分别是丹麦、瑞典、瑞士、荷兰、美国、比利时、新加坡、德国、挪威、芬兰、爱尔兰、法国、英国、日本、奥地利、澳大利亚、韩国、以色列、加拿大和新西兰。20个现代化国家中绝大多数为西方国家。西方在世界最先进技术的研究和开发、尖端技术教育、国际金融系统、国际资本市场、国际道义领导、高科技武器等方面一直处于控制地位，成为世界现代化竞赛的领跑者和最大受益者。这一现象，在西方人和部分非西方精英中极容易产生一种误解，实现现代化只有西方一种方法、模式，现代化必然导致世界文化向西方趋同，而对于迫切希望走上现代化道路的民族，错误地以为要实现现代化必须走西方化的路，将二者画等号。甚至，西方

---

[1] 中国现代化战略研究课题组：《中国现代化报告2010——世界现代化概览》，北京大学出版社2010年版，第29页。

人因此产生西方优越、霸权的思想理念。事实上，西方远在现代化之前，就称之为西方，西方文明区别于其他文明的主要特征，如所传承的古希腊—罗马文明、信仰的基督教、使用的欧洲语言、政治的代议制、精神权威与世俗权威的二元并存、重视法治、对个人主义的推崇等，均产生于现代化之前。这些特征，尽管很大程度上在实现自身和世界的现代化中，起到了一定的积极作用，但这些特征并非是西方为之现代的东西。

从18世纪到20世纪，西方通过殖民、战争、掠夺等完成了现代化的原始积累。资本价值最大化是西方现代化的原动力，在西方现代化中资本已被封神，公平被资本无情地扼杀。西方现代化立足于自私利己的个人主义，一味放纵个人私欲。在西方现代化中，公有、公心、公德这些概念被污名化，成为"专制""独裁"的代名词，私有、私利、私欲则如水银泄地、无孔不入。《纽约时报》文章指出，新冠疫情发生后，当无数工厂商店关门裁员，数千万人挣扎度日时，金融交易却如烈火烹油，富人已收割数万亿美元。在西方现代化中自由是脱离了责任与自律的"自由"。新冠疫情期间，西方国家不履行作为社会成员的责任，每个人都只顾自己，捍卫不戴口罩的自由、参加大型集会的自由、不接种疫苗的自由和感染他人的自由，其"自由"的获得，是以牺牲他人的生命为代价。西方的现代化，忽视对自然的尊重和对生态的保护，早期是"先污染后治理"，其后是将污染严重的低端产业转移到非现代化的发展中国家，同时还不断向非现代化国家输出生产和生活"垃圾"。20世纪西方现代化中所发生的比利时马斯河谷烟雾事件、美国多诺拉镇烟雾事件、伦敦烟雾事件、美国洛杉矶光化学烟雾事件、日本水俣病事件、日本富山骨痛病事件、日本四日市气喘病事件、日本米糠油事件等"世界八大公害事件",都是西方现代化在人类文明发展中所留下的不光彩痕迹。全球变暖是人类自工业革命以来对全球气候造成的重大后果,是当今人类面临的最具挑战性的全球性环境问题。《京都议定书》与《巴黎协定》是《联合国气候变化框架公约》下为解决这一重要的全球环境问题有法律约束力的气候协议。《京都议定书》通过使工业化国家和转型经济体承诺限制和减少温室气体(GHG)排放,《巴黎协定》意在加强对气候变化威胁的全球应对,把全球平均气温较工业化前水平升高控制在2℃之内,并为把升温控制在1.5℃之内而努力。然而,作为最大的现代化国家、热排放大国的美国于2001年退出《京都议定书》,2019年退出《巴黎协定》,从而成为一个极不负责任的西方现代化大国。西方现代化理论认为,只有西式民主才能促进现代化的发展繁荣,西方资本主义民主是现代民主的唯一形态。事实证明,西方鼓吹"一人一票"的抽象程序民主,实际上却是资本操控的"民主盛宴"。在西方民主体制下,为了获得执政权,各个政党无所不用其极,煽动仇恨、互相攻击、撕裂社会,将西式民主丑陋的一面暴露无遗。政党及其政客要赢得选举,必须有大量的选举资金支持,这就必然导致民主的资本化。大量的财团和利益集团向政党提供支持,扭曲了民主原则。西方民主体制的内部失衡和无序,导致政府部门出现功能性障碍,国家治理水平下降。贫困使得低收入阶层在政治生活中日益被边缘化,他们的诉求难以得到倾听,他们的利益难以得到保护,他们无力也无法影响公共政策,而这进一步影响到政治体制的稳定。民众普遍感觉建制化的政府已经不再代表他们的利益,无论哪个政党上台,都不能为普通民众的经济地位和生活带来明显的改变或帮助。此外,工业革命后,尽管西方现代化使社会生产力得到空前发展,但却始终无法克服资本主义基本矛盾，无法消除经济周期和危机宿命。

（三）中国现代化：探索与意义

1840年鸦片战争后，中国被迫走上寻求现代化的道路，比西方先行国家晚了约一百年。中国现代化进程大致经历了三个发展阶段，1840—1911年是现代化起步阶段，1912—1949年是局部现代化阶段，1949年新中国成立至今是全面现代化阶段。第一阶段现代化起步。主要包括三次运动：洋务运动（1860—1894年）、维新运动（1895—1898年）和立宪运动（1905—1911年）。其中，洋务运动主张制造近代军事装备，建立近代工业，学习西方近代科学技术，发展教育文化，提出了"中学为体、西学为用"等主张。第二阶段局部现代化。大致分为三个小阶段：北洋政府时期、国民政府早期和抗日战争时期。在此期间，民族工业和现代交通得到发展，北平研究院等一批科研机构得以建立，高等学校也有较大发展；孙中山的《建国方略》和"民族、民权和民生"三民主义得到有限推行。日本侵华战争导致中国现代化进程被中断。第三阶段全面现代化。1949年新中国成立，拉开全面现代化建设的序幕。根据其特点，可分为三个小阶段。一是1949—1977年，实行计划经济，推进四化建设。二是1978—2001年，实行改革开放，以经济建设为中心，以工业化为重点。三是2002年以来，积极参与经济全球化，推进新型工业化、信息化和城镇化等。

中国现代化起步和局部现代化阶段，即从19世纪中叶到20世纪中叶，中国现代化发展目标包括维护国家主权和实现民族复兴等。全面现代化阶段，即从20世纪50年代到21世纪50年代，中国现代化的战略目标在不断推进。它既反映我们对现代化认识的深化，也体现我国现代化建设取得的新成就。第一个现代化目标：20世纪内实现四个现代化。20世纪50—70年代，实现四个现代化成为中国现代化的战略目标。1954年9月，周恩来总理在全国人大一届一次会议上作政府工作报告，明确提出要把我国建设成为具有强大的现代化的工业、农业、交通运输业和现代化国防的社会主义国家。1964年12月，周恩来总理在第三届全国人大政府工作报告中提出，从第三个五年计划开始，我国的国民经济发展，可以两步来考虑：第一步，建立一个独立的比较完整的工业体系和国民经济体系；第二步，全面实现农业、工业、国防和科学技术的现代化，使我国经济走在世界的前列。1975年1月，周恩来总理在第四届全国人大政府工作报告中宣布，在本世纪内，全面实现四个现代化。第二个现代化目标：2050年基本实现现代化。1978年召开的党的十一届三中全会开创了中国改革开放和现代化建设新的历史进程。1979年3月，邓小平明确指出："过去搞民主革命，要适合中国国情，走毛泽东同志开辟的农村包围城市的道路。现在搞建设，也要适合中国国情，走出一条中国式的现代化道路。"①1987年8月党的十三大召开前夕，邓小平明确阐述了"三步走"战略：第一步，实现国民生产总值比1980年翻一番，解决人民的温饱问题。第二步，到20世纪末，使国民生产总值再增长一倍，人民生活达到小康水平。第三步，到21世纪中叶，人均国民生产总值达到中等发达国家水平，人民生活比较富裕，基本实现现代化。1997年党的十五大报告提出，展望下世纪，我们的目标是，第一个10年实现国民生产总值比2000年翻一番，使人民的小康生活更加宽裕，

---

① 刘杰、徐绿山：《邓小平和陈云在十一届三中全会前后》，中央文献出版社2009年版，第443页。

形成比较完善的社会主义市场经济体制；再经过10年的努力，到建党100年时，使国民经济更加发展，各项制度更加完善；到新中国成立100年时，基本实现现代化，建成富强民主文明的社会主义国家。2007年党的十七大报告提出，转变发展方式取得重大进展，在优化结构、提高效益、降低消耗、保护环境的基础上，实现人均国内生产总值到2020年比2000年翻两番。2012年党的十八大报告提出，转变经济发展方式取得重大进展，在发展平衡性、协调性、可持续性明显增强的基础上，实现国内生产总值和城乡居民人均收入比2010年翻一番。工业化基本实现，信息化水平大幅提升，城镇化质量明显提高，农业现代化和社会主义新农村建设成效显著，区域协调发展机制基本形成。第三个现代化目标：2050年建成社会主义现代化强国。2017年党的十九大报告提出建设社会主义现代化强国的"两步走"战略安排。从2017年到2020年，是全面建成小康社会决胜期。从2020年到2035年，在全面建成小康社会的基础上，再奋斗15年，基本实现社会主义现代化。从2035年到本世纪中叶，在基本实现现代化的基础上，再奋斗15年，把我国建成富强民主文明和谐美丽的社会主义现代化强国。相对于"三步走"发展战略，"两步走"战略安排有三个创新。一是把"三步走"发展战略第三步战略细分为20年、15年、15年三个阶段。二是把"基本实现现代化"的第三步目标，提前到2035年，提前了15年。三是把2050年目标提高到全面建成社会主义现代化强国。

根据世界现代化的规律，综合现代化路径可以分为三个阶段：工业化为主、工业化和知识化并重、知识化为主。改革开放以来，中国共产党领导的中国式现代化的三个阶段与世界综合现代化路径的三个阶段大体重合。第一阶段模式：以经济建设为中心和以工业化为重点。"三步走"发展战略的前20年（1980—2001年），大致属于综合现代化第一阶段。主要特点是以经济建设为中心，以工业化和第一次现代化为重点，并启动信息化和环境保护。第二阶段模式：走新型工业化道路和"新四化"同步推进。"三步走"发展战略中的20年（2002—2021年），大致属于综合现代化第二阶段。主要特点是同步推进新型工业化、信息化、城镇化和农业现代化，大力发展高等教育和职业教育，并取得巨大成就。在此期间，中国第一次现代化尚未完成，但第二次现代化的许多要素已被采用，属于两次现代化并行、工业化和知识化并重时期。第三阶段模式：以生活质量为发展主题和以知识化为重点。"三步走"发展战略的后30年（2021—2050年），大致属于综合现代化第三阶段。主要特点是以人民为中心，以生活质量为发展主题，满足人民日益增长的美好生活需要；以知识化和第二次现代化为重点，全面落实新发展理念。当前，中国进入新发展阶段，开启全面建设社会主义现代化国家新征程。根据现代化规律和我国国情，全国平均将进入综合现代化的第三阶段，以人民为中心，以生活质量为发展主题，以经济质量和环境质量为支撑，三个质量一起抓。同时，发达和中等发达地区将以提高生活质量为发展主题；初等发达地区可采用生活质量和经济建设两者并重的发展模式；较不发达地区仍以经济建设为中心，同时加强生态文明建设等，缩小地区发展水平差距，实现高质量可持续发展。[1]据中国科学院中国现代化研究中心对中国现代化的评价数据，目前，中国的第一次现代化已经完成99%，基本完成了工业化，第二次现代化约为发达国家水平的44%。

中国式现代化为发展中国家现代化发展提供了全新选择。实

---

[1] 何传启：《中国现代化进程的阶段划分与模式演进》，《人民论坛》2021年08月下。

践证明，中国道路不仅是一条能全面建成社会主义现代化强国、实现中华民族伟大复兴的新道路，也是一条打破西方既定模式，另辟蹊径的现代化道路。为广大发展中国家实现现代化完善了理论，扩宽了途径，为世界现代化进程积极贡献了中国智慧和中国方案。更重要的是，"中国道路"以尊重各国国情为前提，强调多样化发展道路，不干涉别国内政，强调互利共赢，深受广大发展中国家欢迎。中国式现代化成功实现了后发追赶，在几十年间就完成了西方数百年才能达成的目标，把一个落后、贫弱的国家建设成为全面小康、繁荣富强的负责任大国。

三、和而不同的中华文明

和而不同是中华文明的古老智慧。承认并尊重事物的多样性、差异性，主张不同文明之间应该互学互鉴，平等交流，求同存异、共生共长，反对文明冲突，要对话而不要对立。习近平总书记在国际舞台上，多次讲述中国古老的"和而不同"故事，阐明和而不同是一切事物发生发展的规律；多次讲解"万物并育而不相害，道并行而不相悖""万物各得其和以生，各得其养以成"的道理，意在引导各国摒弃意识形态的傲慢与偏见，跨越文明冲突陷阱，相互尊重各国自主选择的发展道路和模式，尊重世界文明多样性，以文明交流超越文明隔阂，以文明互鉴超越文明冲突，以文明共存超越文明优越。在处理涉及意识形态、政治制度、发展阶段等领域的不同意见和分歧上，应该聚利益、责任、挑战之同，化意识形态、政治制度、发展阶段之异，不断寻找共同利益，勇于担负共同责任，共同应对层出不穷的全球性挑战。

（一）古丝绸之路对外来文明的吸收借鉴

古丝绸之路横跨亚欧非三大洲，在空间上由中国、印度、中东、欧洲四个极点所支撑。在这一通道上，中华文明、印度文明、阿拉伯文明、欧洲文明等人类主要文明体系之间彼此相互接触，相互依托，互不压制，互不取代，彼此尊重，彼此借鉴。丝绸之路上的各文明之间的交往，基本上都是在保持本土文化根基的前提下吸收外来文化，通过对外来文化的扬弃，实现本土化转型，从而使自身的文化更加丰富、更加完善、更加有力。这不但保持了丝绸之路沿线不同文明体系的个性，使其没有因为丝绸之路的贯通而失去独立发展的足够空间，而且因为丝绸之路的馈赠进一步激活其内部的机体，生发出新的力量。

丝绸之路之所以能历千年而交流不断，是由于中国文化敢于并善于汲取其他文明的优秀成果。通过古丝绸之路，中华文明吸收借鉴了许多外来文明的物质、精神、技术、艺术等文明成果，在不断的融合中得到发展。

先秦时期，原产两河流域的小麦，从中亚经"古丝绸之路"传入中国，成为中国北方地区的主粮；汉代，自西域引入苜蓿；三国时期，自中亚引入石榴；西晋，自西亚—中亚引入茉莉；东晋，自西亚引入核桃；南北朝，自西亚引入芝麻；唐朝，自伊朗引入开心果；宋元，自阿富汗引入胡萝卜。海上丝绸之路形成后，明清自美洲引入玉米、番薯、土豆、花生、向日葵、西红柿、辣椒、南瓜、可可、西洋参、陆地棉、荷兰豆、菠萝、番木瓜、烟草等。域外农作物的传入，增加了中国农作物的种类，奠定了中国的农业地理格局。

宗教是思想和文明的重要载体。世界上多种重要的宗教都是经丝绸之路传入中国。东汉明帝永平年间（公元58—75年）遣使西行往天竺（即印度）求取佛经、佛法，史称"永平求法"。东晋十六国时期后秦高僧鸠摩罗什在长安带领众多弟子译《大品般若经》《妙法莲华经》《维摩诘经》《阿弥陀经》《金刚经》等佛教经典，鸠摩罗什的译经和说法，对中国及后传的朝鲜、日本等国佛教发展产生了深远影响。唐代高僧玄奘从长安出发沿丝绸之路经凉州、敦煌及中亚等地，进入当时印度佛教中心那烂陀寺求法，回国共翻译出75部、1335卷佛经，后传播到了中国各地及周边各国。魏晋南北朝到隋唐时期，中国佛学水平已经超过了佛教原生地印度，使世界佛教中心由印度转移到了中国。佛教经过与中国的本土文化碰撞、融合后，逐渐形成儒、佛、道为轴心的中华思想文化格局，近两千年来，中国佛教哲学已成为"中学"的重要组成部分。此外，其他宗教也经丝绸之路传入中国，如隋唐传入中国的伊斯兰教、唐代兴盛的景教（从东正教分裂出的基督教派）、五代北宋盛行的摩尼教，外来宗教思想的传入促进了中国思想文化的丰富和发展。

伴随佛教东渐和佛经的大量翻译，印度的绘画、建筑、雕塑、医学、天文、文学、音乐、舞蹈、杂技等也传入中国，并融入中国的本土文化中，成为中国传统文化的有机组成部分。敦煌莫高窟至今保留北凉、北魏、西魏、北周、隋唐、五代、宋、西夏、元等时期的石窟、壁画、彩塑像等佛教艺术作品。自两汉起，西亚、中亚地区的魔术、音乐、舞蹈、杂技等经丝绸之路传入中国。域外舞蹈、杂技等传入后，与中国舞蹈、杂耍融合，形成汉朝的舞蹈百戏体系。"隋唐时期丝绸之路上的音乐文化交流除体现在乐、舞方面以外，在乐器方面，伴随着西乐东渐的脚步，西域乐器琵琶（曲项琵琶、五弦琵琶）、箜篌（凤首箜篌、竖箜篌)、筚篥、阮咸、羯鼓、毛员鼓、腰鼓等相继传入中原，并成为唐代的重要乐器，丰富了中原音乐文化。"①此外，中国金银器皿的造形以及图案风格，深受中亚、西亚的技艺和艺术风格影响。

丝绸之路为科学技术的交融与会通提供了重要的场域。中国古代有三波较大规模的域外天文学通过丝绸之路传入。第一波是汉唐时期输入的域外天文学，历时最为长久，内容最为丰富多样，在官方和民间都有较为广泛而深远的影响。唐代宗时期，曾有来自波斯的学者担任司天监，把异域的天文学成就带入唐朝融入中国天文学中。唐高宗时期，《大衍历》的编写，借鉴了印度《九执历》天文历算之学。在第一波域外天文学的影响下，中晚唐时期流行起了一种关注个人命运的西方星占学。第二波是元明之际，随着伊斯兰教传播，阿拉伯天文学东传。郭守敬改浑仪为简仪、创制八丈高表，借鉴了阿拉伯天文仪器制法。第三波是明清时期，西方古典天文学传入中国。人们用西方天文学技术改造观象台和仪器，提高了中国天文仪器的精密度，还用西方地图测绘技术、天文学技术和数学知识绘制了全新的地图。中国传统医学也广泛地汲取了世界各民族的医药学成果。唐代《新修本草》著录多种外来药，五代时《海药本草》含有丰富的外来药物知识，清代《本草纲目拾遗》介绍金鸡纳等西洋药物。中医因西方解剖学、血液循环学说而获得革新。这些外来药物及医学知识已成为中国医学不可分割的一部分。

(二)中华文明向外传播深刻影响了其他文明

中华文明是伟大的文明，为人类文明进步事业作出了重大贡

---

① 潘娜：《古丝绸之路上的中外音乐文化交流》，中国原子能出版社2021年版，第26页。

献。丝绸之路促进了中华文化的对外交流，由此，中华文明的元素深刻影响了其他文明。汉武帝时，儒家文化快速向周边各国传播。公元1世纪初，朝鲜半岛很多人就会背诵《诗经》《春秋》等儒家经典，此后朝鲜半岛的各个王朝，都重视儒学教育，推动儒学发展。5世纪前，儒学便已传入日本。隋唐时期，日本遣唐使和留学生来华求学，儒家文化随之普及到日本社会各个阶层。东汉末年，越南人来到洛阳研究儒学，随着儒学教育的加深，越南各王朝的典章制度也仿照中国建立起来。由此，在东亚地区逐渐形成了儒学文化圈。魏晋南北朝到隋唐时期，中国佛教外传朝鲜、日本、越南，近代又传到马来西亚、新加坡和菲律宾，藏传佛教传入蒙古、俄罗斯、不丹、尼泊尔等国家，形成东亚、东南亚中国佛教文化圈。道家思想于公元4世纪传入朝鲜半岛，高句丽王遣人入唐学佛老之法。唐朝后期，道教炼丹术传入新罗，以修炼自身为中心的中国道教内丹学在朝鲜半岛得以发展。道教典籍大约于7世纪初经百济传入日本。唐朝时，道家文化对日本的哲学、医学、民俗、神道都产生了重要影响。道教于公元207年传入越南，唐代时安南道教盛行。此外，道教还在新加坡、马来西亚、老挝、柬埔寨、泰国、缅甸、印尼、菲律宾等国传播。16—17世纪以儒学为主的中国哲学传入欧洲，中国哲学成为欧洲启蒙运动的重要思想来源。受到中国哲学影响的启蒙思想家，对法国革命产生了非常重要的影响。2019年中法建交55周年之际，法国总统马克龙赠送给中国国家主席习近平1688年出版的首部《论语导读》法文版原著。《论语》早在17世纪就传入欧洲，不少学者将孔子和苏格拉底相提并论。马克龙这样评价中华文化在法国的影响力："孔子的思想深刻影响了伏尔泰等人，为法国的启蒙运动提供了宝贵的思想启迪。"中国哲学也对德国哲学革命产生了重要影响，马克思通过黑格尔的辩证法间接了解了中国的辩证法。

秦汉时，随着大批中国人移居朝鲜、日本，随之带去中国传统文化经典。魏晋南北朝至隋唐时期，大量中国典籍输出到朝鲜、日本，唐时日本上层社会模仿唐诗创作汉诗蔚然成风。宋元明清时期，《三国演义》《西游记》《水浒传》《红楼梦》等文学作品相继传入朝鲜、日本，受到当地人民喜爱。先秦时期，中国与越南等东南亚国家就有文化交流。秦统一后，汉字开始在当地流行。近代以来，汉文学一直是越南的主流文学，大量中国典籍在越南等东南亚国家广为流传。明清以来，中国许多文学作品被译成拉丁、西班牙、英、法、俄文，法国红学研究尤为凸显。丝绸之路开通后，汉代音乐文化西渐输入中亚地区。"唐代的乐书、乐器、乐曲，在亚洲许多国家世代相传，成为各国音乐的'鼻祖'。"[1]伴随中国佛教传入朝鲜、日本、越南，中国佛教艺术也相继传入这些国家并对其宗教艺术、文学的发展产生重要影响。在东亚、东南亚儒学文化圈，其宫廷音乐、室内音乐、仪式音乐等也深受儒家思想的影响。自17世纪中叶起，潮剧、潮乐随潮人迁徙逐步传入泰国、新加坡、马来西亚、越南、柬埔寨等地。中国绘画技法和风格对日本、朝鲜等国产生巨大影响。中国绘画是日本早期绘画的主要源头，尤其是唐朝绘画。中国的体育也对周边国家产生一定影响。蹴鞠是中国古代足球，蹴鞠运动7世纪传入朝鲜、日本，成为当地的热门运动。围棋是中国最古老的体育运动之一，这项运动对西域、印度和东亚都产生了很大影响。西汉，围棋传入西域、印度。唐朝，围棋传入日本。围棋在日本非常兴盛，日本成为当代世界围棋水平最高的国家之一。明代，

---

[1] 潘娜：《古丝绸之路上的中外音乐文化交流》，中国原子能出版社2021年版，第4页。

围棋传入东南亚，成为当地人喜爱的运动。相扑是中国古代的一项体育运动，这项运动后传入日本，发展成为日本的"国技"。

15世纪以前，从汉代到明朝前期，中国的科学技术在世界上领先长达14个世纪以上。在此期间，中华文明是影响世界文明进程的最大发动机。中国古代造纸术、指南针、火药、印刷术四大发明，对人类文明的发展曾作出过巨大贡献，而四大发明之所以能传到国外，正是缘于古丝绸之路。造纸术，公元3世纪末时传到了朝鲜、日本等地。唐朝时，传到了中亚、东南亚等地，再经陆上和海上丝绸之路传到了欧洲、美洲、非洲等世界各地。印刷术，隋唐时期，雕版印刷术随来华使臣、宗教人士以及商人沿丝绸之路西传，活字印刷术元代传到中亚，15世纪传入欧洲。中国古代造纸术、印刷术的出现，为世界科学、文化和信息的传播提供了极大的便利，也在一定程度上促进了世界各国政治、经济、文化的发展。指南针，南宋传入阿拉伯、欧洲。指南针用于航海促进了新航路的开辟，成为西方地理大发现的必要条件之一，进而深刻地改变了世界。火药，13世纪传入阿拉伯地区及欧洲。火药的广泛使用不仅改变了中世纪战争的模式，也带来了矿产资源的大规模开采，在某种意义上推动了近代工业的长足发展。此外，中国驯化、栽培的稻、粟、大豆、茶、桃、梨、杏、桑、桦、玫瑰等中国原生农作物，中国发明的丝绸、养蚕、织丝、中医药、动植物杂种、分行栽培、精细耕地、瓷器、漆器、深井钻探、冶金、造船术、航海术、建筑工程技术、园林工艺等世界领先的科学技术，也随丝绸之路传向世界各地。这些科学技术的对外传播，为推动人类文明和世界科技发展作出了卓越贡献。

（三）中外文明交流促进了中华文明的不断发展壮大

中华文明在长期演化过程中，与其他文明的交流获得了丰富营养，也为人类文明进步作出了重要贡献。丝绸之路的开辟，遣隋遣唐使大批来华，法显、玄奘西行取经，郑和七下西洋，等等，都是中外文明交流互鉴的生动事例。中华文明正是在数千年间与世界各文明的不断交流互鉴中得以发展壮大。丝绸之路是一条经济贸易之路，更是一条文明交流互鉴之路。今天，中国的"一带一路"倡议，就是要继承和发扬丝绸之路精神，把中国发展同沿线国家发展结合起来，把中国梦同沿线各国人民的梦想结合起来，赋予古丝绸之路以全新的时代内涵。

中华文明具有海纳百川的博大胸怀。历史上儒、释、道互相融会，形成了以儒为主导，道、佛为辅翼的多元一体的文化价值取向，数千年来深刻影响了中国人的道德观念、思维方式、生活习俗，以及情感与爱好，形成中华文明的精神基因。儒、道、佛的互补和融会，共同铸造了中华传统文化的精髓。如，关于道法自然、天人合一的思想，关于天下为公、大同世界的思想，关于自强不息、厚德载物的思想，关于以民为本、安民富民乐民的思想，关于为政以德、政者正也的思想，关于苟日新日日新又日新、革故鼎新、与时俱进的思想，关于脚踏实地、实事求是的思想，关于经世致用、知行合一、躬行实践的思想，关于集思广益、博施众利、群策群力的思想，关于仁者爱人、以德立人的思想，关于以诚待人、讲信修睦的思想，关于清廉从政、勤勉奉公的思想，关于俭约自守、力戒奢华的思想，关于中和、泰和、求同存异、和而不同、和谐相处的思想，关于安不忘危、存不忘亡、治不忘乱、居安思危的思想，等等。①在新时代，中国式现代化以马克思主义为主导，传承中华文明智慧，吸收西方文明成果，不断实现理论创新和实践创新，开辟21世纪中国化时代化的马克思主义发展的新境界。马克思主义是一个开放的体系，不断开辟通往真理的道路，这也是马克思主义能够改变中国、中国能够丰富马克思主义的原因所在，这就决定了马克思主义和中华文明之间虽有区别，但共同的思维特征使得马克思主义与中华文明的深度融合具有可能性和现实性。因此，马克思主义的传入，激活了中华文明中的优秀基因，只有马克思主义基本原理与中华优秀传统文化相结合，才能使中华文明焕发出时代光彩。穷则变、变则通、通则久，革故鼎新，中华文明实现了由古代形态向现代形态的转型。

马克思主义传入，中国共产党诞生，中国现代化有了坚强的领导核心，加速了中国式现代化的历史进程。国家独立、人民解放是实现现代化的前提。1949年新中国成立后，中国现代化就转变为中国共产党领导的社会主义现代化。

1949—1977年是中国现代化的第一阶段，曾学习过苏联的现代化知识和经验，从第一个五年计划开始，中国共产党选择学习苏联的工业化道路，基本符合当时国内外形势发展的需要，实施的总体效果良好。1978—2000年是中国现代化的第二阶段，中国实行改革开放政策，以经济建设为中心，全力推进工业化。中国开始引进西方的先进技术和管理经验，推动了教育、科技和文化的发展。中国在市场经济改革、高技术产业、技术创新和环境保护等方面取得明显进展。2002年至今是中国现代化的第三阶段，

---

① 习近平：《在纪念孔子诞辰2565周年国际学术研讨会暨国际儒学联合会第五届会员大会开幕会上的讲话》，人民出版社2014年版，第6—7页。

加入世界贸易组织（WTO），中国从几乎完全游离于市场经济核心体系之外，变成了世界经济运行和全球分工的重要组成部分。"入世"为我国参与全球经济治理提供了更好条件，我国的国际影响力持续上升；有力促进了国内经济体制改革，激发了市场主体活力，释放了经济发展潜力。"入世"20多年来，我国经济总量从世界第六位上升到第二位，货物贸易从世界第六位上升到第一位，服务贸易从世界第十一位上升到第二位，利用外资稳居发展中国家首位，对外直接投资从世界第二十六位上升到第一位。其间，2013年习近平主席提出的"一带一路"倡议，得到了170多个国家和国际组织的积极响应。这一时期，中国现代化是综合现代化，是从半工业经济向知识经济、从半工业社会向知识社会的转变，迎头赶上未来世界前沿水平。[1]当前，中国全面建成小康社会的目标已经实现，进入了全面建设社会主义现代化国家的新征程。

---

[1] 何传启：《中国式现代化与全面建设现代化国家新征程》，《中国党政干部论坛》2020年第12期。

第三章

"两个文明"协调发展

党的二十大报告指出："中国式现代化是物质文明和精神文明相协调的现代化。"①这是中国式现代化的五大特色之一。在报告中，习近平总书记还首次提出了中国式现代化九个方面的本质要求，其中就包含"实现高质量发展"和"丰富人民精神世界"，这体现了中国式现代化是以物质文明的高度发达和精神文明的高度丰富并且两者协调发展为奋斗目标。前进道路上，"只有物质文明建设和精神文明建设都搞好，国家物质力量和精神力量都增强，全国各族人民物质生活和精神生活都改善，中国特色社会主义事业才能顺利向前推进"②。

"两个文明"协调发展是中国共产党不懈奋斗的目标。党的十二大提出物质文明与精神文明"两手抓，两手都要硬"的战略方针，党的十六大提出社会主义物质文明、政治文明、精神文明协调发展，党的十七大形成了物质文明、政治文明、精神文明、生态文明"四位一体"文明建设格局，党的十九大提出经济建设、政治建设、文化建设、社会建设、生态文明建设"五位一体"的总体布局，标志着物质文明、政治文明、精神文明、社会文明、生态文明"五位一体"的全面文明建设格局走向完善。党的二十大报告将"两个文明"协调发展作为中国式现代化的重要特征之一。

---

① 习近平：《高举中国特色社会主义伟大旗帜 为全面建设社会主义现代化国家而团结奋斗——在中国共产党第二十次全国代表大会上的报告》，人民出版社，2022年版，第22—23页。
② 《习近平谈治国理政》第1卷，外文出版社，2018年版，第153页。

一、何为"两个文明"？

文明是人类社会对于野蛮的否定过程。文明是人类在长期历史发展过程中，创造和积累的一切物质成果和精神成果的总和，即物质文明与精神文明。物质文明，指人类改造自然界的物质成果的总和，表现为人们物质生产的进步和物质生活的改善。"物质文明是生产力发展水平的体现，包括文明赖以存在的物质资料的生产以及科学技术发展状况，主要指农业、畜牧业、手工业生产技术的发展和自然科学知识的进步，在一定程度上反映出人们认识物质世界和改造物质世界的能力"[1]。具体来说，一是包括社会生产力的状况，生产工具和技术的改进，生产规模的扩大，社会财富的积累等，生产力水平的提高代表社会进步；二是包括人们物质生活水平的改善，衣食住行等水平的提高和生活方式的变化，标志社会进步的程度。精神文明是指人类在认识和改造世界的过程中所创造的精神生产和精神成果的总和，是人类智慧、道德的进步状态，主要表现为教育、科学、文化知识的发达和人们思想、政治、道德水平的提高。"精神文明"一词，马克思、恩格斯并没有直接使用过，但马克思、恩格斯提出了一系列相关概念，如"思想、观念、意识的生产""精神活动""精神生产""精神生活""精神交往"等经典表述。这些经典表述的内涵与"精神文明"是一致的，指与一定的社会生产方式相适应的思想上层建筑，如政治、法律、道德、科学、艺术、宗教、哲学等，它们构成"精神文明"的主要内容。社会主义精神文明是人类精神文明发展的重要阶段。

---

[1] 王巍：《中华文明究竟有几千年》，《人民日报》2018年2月7日。

何为两个文明？如何把握物质文明与精神文明之间的关系？这就需要我们从横向维度上，把握物质文明和精神文明的鲜明特征及其辩证统一关系，从纵向维度上，通过与西方现代化的比较，辨析资本逻辑下"两个文明"的扭曲发展，从而更好地把握"两个文明"协调发展是社会主义的本质要求。

（一）"两个文明"是辩证统一的

习近平总书记指出："实现中国梦，是物质文明和精神文明比翼双飞的发展过程。"[1]一个国家要实现现代化奋斗目标，既要不断地丰富发展物质文明，也要不断地丰富发展精神文明。准确把握"中国式现代化是物质文明和精神文明相协调的现代化"这一命题，关键是把握好物质变精神、精神变物质的辩证法。辩证唯物主义基本原理揭示了物质第一性，精神第二性，物质决定精神，精神对物质具有能动反作用。物质文明与精神文明是辩证统一的关系。物质文明与精神文明恰如鸟之双翼、车之两轮，二者相互促进、相互制约，并统一于人的具体实践活动之中。

一方面，物质文明是精神文明的基础，为精神文明发展提供物质条件和实践经验。

精神文明是人类社会发展到一定阶段的产物。人类由原始社会进入奴隶制社会以后，随着生产发展，尤其是社会大分工带来了生产方式的变化，使人类劳动形态分化为体力劳动和脑力劳动。体力劳动从事物质劳动，生产物质产品，创造物质文明；脑力劳动，从事精神劳动，生产精神产品，创造精神文明。物质生产方式决定着精神文明的性质。"物质生活的生产方式制约着整

---

[1] 中共中央党史和文献研究院编：《习近平关于社会主义精神文明建设论述摘编》，中央文献出版社2022年版，第19页。

个社会生活、政治生活和精神生活的过程。"①在古代，当生产力发展到一定阶段，能够使用金属工具时，人类摆脱了野蛮状态，进入文明社会。物质文明的极大发展，推动了生产关系的变更，促成新的与物质文明生产力相适应的精神文明的发展。在现代，精神文明的发展水平，仍然首先是被社会物质生产状况所决定的。从某种意义上来说，物质文明是判断精神文明发展的重要标准。只有生产水平提高了，才能为科学、文化、教育事业的发展提供更多的人力、物力、财力，提供更多的生产实践经验。生产力的发展，还能推动社会制度的改革、提高人民的生活水平，因而从多方面引起人们思想观念上的更新。当人们基本的物质生活得到满足后，就会有条件进行教育投资和精神文化投入。精神文明的高低，归根到底取决于社会物质文明发展的程度。因此，精神文明建设，必须紧紧围绕经济建设这个中心。进入新时代，踏上新征程，在物质文明高质量发展的今天，推动精神文明建设的稳步前进，形成强大的意识形态引领力与高度发达的精神生产力，凝聚起更为主动的精神力量，建设中华民族现代文明，是中国式现代化文明观的根本要求。

物质文明是持续推进精神文明建设的重要载体。《管子》曰："仓廪实而知礼节，衣食足而知荣辱。"辩证唯物主义告诉我们，社会存在决定社会意识，这是对物质文明的基础性作用的最好概括，鲜明地指出了人类的精神文明成果总是建立于一定的物质基础之上。比如，科技的进步为人们提供了更多的物质财富和便利，为精神文明的发展提供了更多的时间和空间。没有离开物质条件的精神文明，精神文明的发展依赖于物质文明的发展。没有坚实、先进的物质文明，一个国家和民族就会缺乏昂扬于世的物

---

① 《马克思恩格斯文集》第2卷，人民出版社2009年版，第591页。

质基础，更不会有精神文明的持续发展进步。百年来，我们党领导人民不懈奋斗、不断进取，创造了经济快速发展和社会长期稳定两大奇迹，我国经济实力、科技实力、综合国力显著增强，国际地位和国际竞争力空前提高。正是有了坚实的物质基础保障，才拥有了从容应对各种风险挑战的深厚底气。

另一方面，精神文明为物质文明的发展提供精神动力和智力支持，为物质文明的发展提供思想保证。

马克思在《〈黑格尔法哲学批判〉导言》中指出："理论一经掌握群众，也会变成物质力量。"①恩格斯在1890年致康·施米特的信中指出："物质存在方式虽然是始因，但是这并不排斥思想领域也反过来对物质存在方式起作用。"②列宁在全俄党的农村工作第一次会议上的讲话中强调"没有丰富的知识、技术和文化就不能建成共产主义"③。这鲜明指出了精神文明的重要意义。人无精神则不立，国无精神则不强。衡量社会的进步，不仅要看物质文明状态，更要看精神生产和精神生活状态。

纵观人类历史，中华文明是世界上唯一未曾中断过的文明，是什么支撑中华民族能够立于世界之林，在历史长河中生生不息？薪火相传？是什么支撑着这个民族一次又一次从灾难中奋起？并且能焕发出勃勃生机和新的活力？当我们翻阅浩瀚的文化典籍，当我们追寻中华民族发展壮大的足迹，发现贯穿中华民族5000多年悠久历史的精神基因和精神血脉，为物质文明发展注入了灵魂和精神动力。"1840年鸦片战争以后，中国逐步成为半殖民地半封建社会，国家蒙辱、人民蒙难、文明蒙尘，中华民族遭

---

① 《马克思恩格斯选集》第1卷，人民出版社2012年版，第9页。
② 《马克思恩格斯选集》第4卷，人民出版社2012年版，第598页。
③ 《列宁全集》第37卷，人民出版社2017年版，第311页。

受了前所未有的劫难。"①中华民族遭受重大挫折而不倒,靠的就是自强不息的中国精神。精神上的站立,可以让一个国家永葆生机,也可以让一支军队所向披靡。正如毛泽东同志在总结抗美援朝战争经验时所讲,志愿军之所以能打败敌人,靠的是一股"气"。我军是钢少气多,而敌人则是钢多气少。这种"气",实际上是对"谜一样的东方精神"的生动概括,它指的是志愿军身上不惧挑战、不畏艰险、不怕牺牲、英勇斗争的精气神。再后来,我们靠着这股精气神,坚持独立自主,"外国人能搞的,中国人也能搞!"造出了两弹一星和许多世界领先的大国重器。我们靠着这股精气神,踔厉奋发,弯道超车,成为世界第二大经济体、第一大工业国、第一大货物贸易国。

进入新时代以来,我们党高度重视精神文明建设,坚持用党的创新理论武装全党、教育人民、指导实践、推动工作。建立健全党和国家功勋荣誉表彰制度,设立烈士纪念日,将侮辱、诽谤英雄烈士的行为明确规定为犯罪,开展庆祝中国共产党成立一百周年、中华人民共和国成立七十周年等活动,推动中华优秀传统文化创造性转化和创新性发展,加快国际传播能力建设,促进人类文明交流互鉴。此外,习近平总书记高度重视农村精神文明建设,指出"农村精神文明建设很重要,物质变精神、精神变物质是辩证法的观点",强调"实施乡村振兴战略要物质文明和精神文明一起抓,特别要注重提升农民精神风貌"②。切实提升农民精神风貌,不断提高乡村社会文明程度,推动乡风民风美起来、人居环境美起来、文化生活美起来,为全面建成小康社会提供坚

---

① 习近平:《在庆祝中国共产党成立100周年大会上的讲话》,人民出版社2021年版,第2页。
② 中共中央党史和文献研究院编:《习近平关于"三农"工作论述摘编》,中央文献出版社2019年版,第122页。

强的思想保证、强大的精神力量、丰润的道德滋养、良好的文化条件。全党全国各族人民文化自信明显增强，全社会凝聚力和向心力极大提升，为新时代开创党和国家事业新局面提供了坚强的思想保证和强大的精神力量。

因此，推动"两个文明"协调发展是中国共产党领导中国式现代化建设始终不变的追求，是实现中华民族伟大复兴中国梦的重要支柱。"两个文明"的辩证统一关系是相互促进、相互制约、相互融合的关系，只有两者的统一发展，才能实现社会的全面进步和人的全面发展。当今中国正处于实现中华民族伟大复兴关键时期。国家强盛、民族复兴，物质财富要极大丰富，精神财富也要极大丰富。作为改革开放的总设计师，邓小平反复强调：要一手抓物质文明，一手抓精神文明，做到两手抓、两手都要硬。新征程上，我们一定要保持只争朝夕、奋发有为的奋斗姿态和越是艰险越向前的斗争精神，要以辩证的、全面的、平衡的观点正确处理物质文明和精神文明的关系，把精神文明建设贯穿改革开放和现代化全过程、渗透社会生活各方面，更好构筑中国精神、中国价值、中国力量，增强全党全国各族人民的志气、骨气、底气，不信邪、不怕鬼、不怕压，全力战胜前进道路上各种困难和挑战，为全面建设社会主义现代化国家、实现中华民族伟大复兴的中国梦提供强大精神力量。

（二）资本逻辑下"两个文明"是扭曲的

自蒸汽机的喧嚣打开工业革命大门以来，在人类实现现代化的征程上，西方国家长期占据优势地位。作为一种社会形态，资本主义在其所处的历史发展阶段，有其特定的物质文明和精神文明。这些物质文明成果和精神文明成果曾在人类社会历史上起到过巨大的推动作用。"资产阶级在它的不到一百年的阶级统治中所创造的生产力,比过去一切世代创造的全部生产力还要多,还要大。"①但是,随着资本主义的发展,其历史局限性凸显,资本主义现代化发展模式有着自身无法克服的先天性弊病——资本对整个社会的主宰和控制,使"两个文明"呈现扭曲状态。一些经济社会较为发达的资本主义国家,日益暴露出以资本为中心、物质主义膨胀的病灶和痼疾,资本主义基本矛盾日益尖锐,呈现资本驱动式的扩张逻辑。

那么何谓资本?何谓资本逻辑呢?所谓资本,是人类创造物质和精神财富的各种社会经济资源的总称。在资本主义社会,资本是经济社会运转的引擎,整个社会的财富、文化都在资本的"指挥棒"下发挥作用。而资本逻辑呢?则是指资本所呈现出的反映资本主义客观现实活动的内在联系、运行轨迹、发展趋势。资本逻辑的存在形式则是指物质性的"获取或增加",其价值增值逻辑则是通过人身依附关系无偿占有剩余劳动价值为实现方式。马克思、恩格斯很早就洞察到了资本逻辑中潜藏的扭曲向度,并预判了其终将造成的社会后果。

从政治经济学的角度看,资本逻辑是利润最大化的逻辑,而不是人的价值及其实现。资本家通过雇佣劳动来扩大生产,将工人劳动产生的剩余价值转换为资本的不断积累,从而实现资本的不断增值,它的核心就是追求利润最大化。所以,在资本逻辑下,物质文明和精神文明之间产生巨大的不平衡,致使人的价值取向和自我评价都以资本为导向,带有深深的"逐利性"色彩。从资本运动的性质角度来看,它是物的逻辑,而不是人的逻辑。由于社会劳动和私人劳动的分离,资本的逐利性使人的劳动受到

① 《马克思恩格斯文集》第2卷,人民出版社2009年版,第36页。

资本家的剥削，使劳动者沦为资本家赚取利润的工具，人的价值必须通过物的价值的实现才能得到体现，这就不可避免地出现"物"支配"人"的局面。

资本逻辑下"两个文明"呈现扭曲式发展。在工业化、技术化、资本化以及文化变迁的现代化诸场景中，物质文明与精神文明发展出现不平衡、不协调问题。一方面，随着现代社会资本逻辑的确立，前现代社会的经济体制、政治结构和文化观念不可避免地走向崩溃，取而代之的资本逻辑下的精神文明及其服务对象，它并不能引导人类走向自由、平等，不能带来精神世界的满足。它使人们的生活价值观偏向物质主义，一些人把物质享受当成了人生的唯一价值目标，拜金主义、物质主义、极端利己主义泛滥。物质文明的过度追求可能会导致精神文明的滞后，人们只关注物质利益而忽视了精神追求，导致社会的道德沦丧和人与人之间的关系紧张。而精神文明的滞后也会影响到物质文明的发展，人们缺乏精神追求和价值观念的扭曲，可能导致对物质财富的滥用和浪费。另一方面，资本逻辑导致物质财富的几何级数增长，带来万物商品化。然而，看似强大的物质文明并不能促进精神文明的发展。相反，对物质的极度追捧使人在劳动中变成货币拜物教的奴隶。人的价值并不是体现在自我价值与社会价值的统一中，而是个体将最大限度地获取物质财富作为自己的人生目标。

如何克服资本主义现代化的先天性弊病？资本逻辑的自洽式难题及其历史呈现预示着一种新文明样式的出现。在现代化道路上，中国式现代化表现出有别于西方现代化的新样态，打破了"现代化=西方化"的迷思，展现出现代化的另一幅图景。中国式现代化是以增进全体人民福祉为目标、依靠全体人民的力量来推

105

进的现代化。坚持以人民为中心的发展思想，使中国式现代化打破了资本逻辑对人类社会的宰制，摒弃了西方以资本为中心的现代化、两极分化的现代化、物质主义膨胀的现代化、对外扩张掠夺的现代化老路，从而为人类实现现代化提供了新的选择。中国式现代化超越了西方式现代化的资本逻辑下"两个文明"单一的物质主义立场。坚持以公有制为主体、多种所有制经济共同发展的社会主义基本经济制度，有利于克服资本主义生产关系中社会化大生产与生产资料私人占有之间的矛盾，最大限度解放和发展生产力。克服了对西方现代化资本逻辑驱动的路径依赖，着力解决了资本逻辑下物质文明与精神文明扭曲式发展带来的精神危机。换言之，中国式现代化超越了西方现代化导致的物质文明畸形发展道路，超越了西方现代化"两个文明"扭曲式发展的局限，为世界文明交流互鉴、普惠共赢开辟新途径。

（三）"两个文明"协调发展是社会主义的本质要求

在社会主义市场经济条件下，规范和引导资本健康发展，既是一个重大经济问题，也是一个重大政治问题。只有社会主义才能救中国，只有中国特色社会主义才能发展中国。科学社会主义本质上要求现代化建设必须追求物质文明与精神文明协调发展。从社会主义初级阶段到高级阶段再到迈向共产主义，内在包含着物质文明和精神文明的辩证统一。那种离开精神文明进步的单一物质文明发展，不是真正的社会主义现代化，也不符合社会全面进步的要求。纵观科学社会主义由理论到实践的现实探索，社会主义最根本的价值有两个，一是从生产力发展视角研究"物质富裕"的问题，二是从生产关系社会公平视角探究"精神富有"的问题。

社会主义之所以从空想发展到科学，首先是因为它获得了"现实基础"，而这"现实基础"的主要内容就是生产力的发展。解放生产力，发展生产力，消灭剥削，消除两极分化，最终达到共同富裕，这正是社会主义的本质要求。千百年来，大力发展生产力，解决物质匮乏问题一度是人类发展进程中的首要问题和中心任务。共同富裕作为社会主义的本质要求和根本原则，是社会主义优越性的体现。共同富裕指的是全体社会成员生活上的全面富裕，这种全面富裕内在地包含着物质和精神两个方面的含义。它既表现为社会成员对生活资料占有数量上的极大丰富，更集中地表现为社会成员生活质量上的极大提高，而决定社会成员生活质量的关键，就是精神生活的充实和富裕程度。物质贫穷不是社会主义，精神空虚也不是社会主义，精神力量是一个国家和民族最为深沉厚重的力量，一个没有精神力量、没有信仰的民族难以自立自强，一个没有文化支撑的事业难以持续长久。"唯有精神上站得住、站得稳，一个民族才能在历史洪流中屹立不倒、挺立潮头。"[①]可以说，推动物质文明和精神文明协调发展是社会主义的本质要求，更形成了中国特色社会主义事业顺利推进的重要动力。

追溯近代以来无数的仁人志士对于现代化苦苦追寻的历史进程，我们可以看到，中国走物质文明和精神文明协调发展的现代化道路既是社会主义的本质要求，也是发展中国特色社会主义的题中应有之义，蕴含着中国共产党以人为本的执政理念。

在新民主主义革命时期，毛泽东同志提出："我们不但要把一个政治上受压迫、经济上受剥削的中国，变为一个政治上自由和经济上繁荣的中国，而且要把一个被旧文化统治因而愚昧落后

[①] 《习近平谈治国理政》第4卷，外文出版社2022年版，第101页。

的中国，变为一个被新文化统治因而文明先进的中国。"①在中华人民共和国即将成立前夕，毛泽东同志指出："中国人民业已有了自己的中央政府。……它将领导全国人民克服一切困难，进行大规模的经济建设和文化建设，扫除旧中国所留下来的贫困和愚昧，逐步地改善人民的物质生活和提高人民的文化生活。"②在社会主义建设时期，以毛泽东为代表的中国共产党人为了改变中国"一穷二白"的落后面貌，提出四个现代化的奋斗目标，把我国建设成为一个具有现代农业、现代工业、现代国防和现代科学技术的社会主义强国，初步奠定了中国式现代化道路的雏形。

改革开放和社会主义现代化建设时期，我们党创造性提出物质文明与精神文明"两手抓、两手都要硬"的战略方针。邓小平同志指出："我们要在建设高度物质文明的同时，提高全民族的科学文化水平，发展高尚的丰富多彩的文化生活，建设高度的社会主义精神文明。"③江泽民同志指出："建设有中国特色社会主义，包括发展物质文明和精神文明两个方面，必须实现经济、社会的协调发展和全面进步。"④胡锦涛同志指出："必须把发展社会生产力同提高全民族文明素质结合起来，推动物质文明和精神文明协调发展，更加自觉、更加主动地推动文化大发展大繁荣。"⑤

进入新时代，习近平总书记高度重视物质文明和精神文明协调发展，强调"以辩证的、全面的、平衡的观点正确处理物质文

---

① 《毛泽东选集》第2卷，人民出版社2006年版，第663页。
② 《毛泽东文集》第5卷，人民出版社1996年版，第348页。
③ 《邓小平文选》第2卷，北京：人民出版社1994年版，第208页。
④ 《江泽民在广东考察工作时的讲话（摘要）》，选自《全面加强党的建设的伟大纲领》，人民出版社2000年版，第9页。
⑤ 胡锦涛：《在纪念党的十一届三中全会召开30周年大会上的讲话》，人民出版社2008年版，第23页。

明和精神文明的关系，把精神文明建设贯穿改革开放和现代化全过程"①。2014年3月，在联合国教科文组织总部的演讲中，习近平总书记指出："实现中国梦，是物质文明和精神文明均衡发展、相互促进的结果。没有文明的继承和发展，没有文化的弘扬和繁荣，就没有中国梦的实现。中华民族的先人们早就向往人们的物质生活充实无忧、道德境界充分升华的大同世界。中华文明历来把人的精神生活纳入人生和社会理想之中。所以，实现中国梦，是物质文明和精神文明比翼双飞的发展过程。随着中国经济社会不断发展，中华文明也必将顺应时代发展焕发出更加蓬勃的生命力。"②这要求我们在建设中国式现代化的每个阶段、每个环节，都要始终强调物质文明和精神文明协调发展。

随着生产力的发展，我国的社会主要矛盾已经转化为人民日益增长的美好生活需要和不平衡不充分的发展之间的矛盾。新时代的"共同富裕"内涵超出了单纯的发展物质生产力范畴，人民对"美好生活的向往"不断变为现实，共同富裕的领域也逐步深化为物质生活与精神生活的"全面共富"，不仅实现家家"仓廪实衣食足"，而且让人人"知礼节明荣辱"，切实增强人民群众的获得感、幸福感、安全感，最终促进人的全面发展和社会全面进步。因此，"当高楼大厦在我国大地上遍地林立时，中华民族精神的大厦也应该巍然耸立"③。

---

① 习近平：《论党的宣传思想工作》，中央文献出版社2020年版，第133页。
② 习近平：《文明交流互鉴是推动人类文明进步和世界和平发展的重要动力》，《求是》2019年第9期。
③ 习近平：《在文艺工作座谈会上的讲话》，人民出版社2015年版，第6页。

二、目标：物质富足、精神富有

党的二十大报告指出："物质富足、精神富有是社会主义现代化的根本要求。物质贫困不是社会主义，精神贫乏也不是社会主义。我们不断厚植现代化的物质基础，不断夯实人民幸福生活的物质条件，同时大力发展社会主义先进文化，加强理想信念教育，传承中华文明，促进物的全面丰富和人的全面发展。"[1]并把"人的全面发展、全体人民共同富裕取得更为明显的实质性进展"列为到2035年我国发展的总体目标之一。"共同富裕是社会主义的本质要求，是中国式现代化的重要特征"[2]，是人类千百年来孜孜以求的奋斗目标，是中国共产党人的初心与使命，是全体中国人民对美好生活的向往。

实现共同富裕是一个物质积累的过程，也是一个精神充实的过程。物质富裕和精神富足犹如美好生活的两翼，两者相辅相成、缺一不可。基于社会视角，既要经济强，也要文化强。在抓经济建设的同时，更加重视文化建设；如果只是经济上发达，物质生活丰富，而文化封闭、保守、落后，精神生活贫乏，这个社会就只能是缺乏生机和活力的畸形的社会。基于个人视角，既要富口袋，也要富脑袋。在注重增加城乡居民收入的同时，更加关注人民群众精神力量的增强、文化生活的满足，如果只是满足于物质上富有，而没有精神上的追求，思想上贫乏、愚昧，他的人生必定是苍白的、空虚的。社会的共同富裕与社会的现代化是一致的，归根到底是要实现人的全面发展，集中表现为人的精神的

---

[1] 习近平：《高举中国特色社会主义伟大旗帜 为全面建设社会主义现代化国家而团结奋斗——在中国共产党第二十次全国代表大会上的报告》，人民出版社2022年版，第22—23页。

[2] 习近平：《扎实推动共同富裕》，《求是》2021年第20期。

现代化；对于国家而言，既需要实力雄厚的硬实力，也需要精神财富极大丰富的软实力。

（一）既要经济强，也要文化强

一个国家的发展离不开经济建设，更离不开文化建设，二者在一定程度上相互依赖、相互促进。现实表明，扎实推进共同富裕，是物质生产力发展的过程，也是文化生产力发展的过程。文化越来越成为关键变量、决定性因素，经济发展也一定少不了"文化力"，推动文化创新更好地融入到经济发展当中，实现文化与经济的融合发展。未来，人们生活的丰富度是"文化力"和"经济力"的乘积，"文化力"和"经济力"二者缺一不可。

一方面，经济强为国家发展提供稳定的物质基础。经济强是指一个国家或地区有着强大的经济实力，具备较高的国内生产总值、人均收入和财富积累能力。这种经济实力决定着社会发展的方向和过程。在推进现代化的进程中，经济建设可以创造更多物质财富、为现代化建设提供物质支撑，为人民提供更好的生活条件和发展机会，是实现现代化不可或缺的关键基础。改革开放40多年来，中国共产党始终以经济建设为中心，把发展作为党执政兴国的第一要务，创造了经济快速发展和社会长期稳定的两大奇迹。我国用了几十年的时间创造了发达国家几百年才实现的工业化历程，科技发展正在由"跟跑"逐步向"并跑"和"领跑"阶段迈进。西方发达国家经历了工业化、城镇化、农业现代化、信息化"串联式"发展过程，中国式现代化开创了工业化、信息化、城镇化、农业现代化"并联叠加式"的发展方式。

我国国内生产总值（GDP）由1952年的679.1亿元，增长到

1978年的3678.7亿元，再到2022年的1210207.2亿元。①如今，我国不仅经济总量已稳居世界第二且体量越来越大，而且已经是制造业第一大国、货物贸易第一大国、商品消费第二大国、外资流入第二大国，外汇储备连续多年位居世界第一。②如今，我国不仅基础设施建设成就显著，而且建立了全世界最完整的现代工业体系，科技创新和重大工程也捷报频传。如今，我国构建起世界上规模最大、覆盖人口最多，包括养老、医疗、低保、住房、教育等民生领域的社会保障体系，最重要的是在中华民族几千年发展历史上首次整体消除绝对贫困，全面建成小康社会，第一个百年目标如期实现，为最终实现民族复兴迈出关键性、决定性的一步，正在向第二个百年目标进军。

我国综合国力大幅上升，2022年GDP达121万亿元，稳居世界第二位，对世界经济增长贡献率接近20%，仍是世界经济增长的重要引擎和稳定力量。③粮食安全、能源安全得到有效保障，城镇化率达到64.7%，制造业规模、外汇储备稳居世界第一，建成世界最大高速铁路网和高速公路网，以及基础设施建设取得重大成就等，都是经济建设中取得的成绩，都是经济强的体现。中国已经成为世界经济增长的火车头，是世界经济继续前进的一个重要引擎。在中国发展高层论坛2023年年会上，国际货币基金组织（IMF）总裁预计：中国经济对世界经济贡献将达三分之一。④中国以一个发展中国家的身份成为推动全球发展的最大动力。卡塔尔世界杯上，中国元素活跃在赛事的方方面面，从场

---

① 中华人民共和国国家统计局：国家数据，http://data.stats.gov.cn/，2023-07-28。
② 中华人民共和国国务院新闻办公室：《新时代的中国与世界》，人民出版社2019年版，第4—5页。
③ 中共国家统计局党组：《我国经济砥砺前行再上新台阶》，《求是》2023年第4期。
④ 《IMF总裁：今年中国对全球经济增长贡献率约为三分之一》，http://www.chinanews.com.cn/shipin/cns-d/2023/04-14/news956560.shtml。

馆、裁判、赞助商到"最萌使者"大熊猫,再到70%周边产品都是义乌制造、中国的新能源汽车成为世界杯交通主力、中国建造的太阳能光伏电站、中国企业参与建设的卡塔尔"球迷村"等,"中国制造"助力全球首届"碳中和"世界杯成功举办。正如中国驻卡塔尔大使周剑所说,"中国贡献"如满天繁星照亮了这场世界杯。

从积贫积弱、一穷二白的农业国发展到如今GDP世界第二、第一大工业国、第一大货物贸易国和科技创新大国,"中国制造"享誉全球,"中国创造"影响世界。物质文明的飞速发展,推动人民生活全方位改善,中国建成了世界上规模最大的教育体系、社会保障体系、医疗卫生体系,全面建成小康社会,打赢了史上最大规模的脱贫攻坚战,人民获得感、幸福感、安全感更加充实、更有保障、更可持续。强大经济实力为实现文化保护、创造和传承提供了经济的支持和保障。

另一方面,推动文化创新更好地融入经济发展。党的十八大以来,以习近平同志为核心的党中央高度重视文化建设。在统筹推进"五位一体"总体布局、协调推进"四个全面"战略布局过程中,把文化建设作为重要内容;在推动高质量发展过程中,以文化铸魂;在满足人民日益增长的美好生活需要、战胜前进道路上各种风险挑战中,文化是重要力量和智慧源泉。党的二十大报告强调推进文化自信自强,铸就社会主义文化新辉煌,这始终是中国式现代化的重要目标指向。中国共产党始终代表中国先进文化的前进方向,坚持把马克思主义基本原理与中华优秀传统文化相结合,走出一条中国特色社会主义文化发展道路。今天,中华文化已然成为一个闪亮的名片,文化自信正在为实现中华民族伟大复兴中国梦提供源源不断的强大动力。

文化强指国家或地区的文化传统和创新能力具备较高的影响力和竞争力。文化兴则国运兴，文化强则民族强。文化强意味着国家具备丰富的文化资源、独特的文化特色和较高的文化创造力，能够在国际舞台上展示自己的文化魅力和价值观。在经济高质量发展中推动共同富裕，除了兴产业、强经济，更要强文化。中国式现代化强调"没有社会主义文化繁荣发展，就没有社会主义现代化"①。"中国特色社会主义文化积淀着中华民族最深层的精神追求，代表着中华民族独特的精神标识，是中国人民胜利前行的强大精神力量。"②

以科技助推文化高质量发展。古今表情"双面绣"，时代再造新姑苏。苏州作为一座有着2500年历史的古城，有着深厚的文化底蕴。同时，苏州经济实力极其雄厚。探寻苏州发展之奥秘，我们不难发现，苏州正是将经济强与文化强融合发展的城市典范。2023年7月，习近平总书记在苏州考察时指出，苏州在传统与现代的结合上做得很好，不仅有历史文化传承，而且有高科技创新和高质量发展，代表未来的发展方向。他对当地负责同志讲，平江历史文化街区是传承弘扬中华优秀传统文化、加强社会主义精神文明建设的宝贵财富，要保护好、挖掘好、运用好，不仅要在物质形式上传承好，更要在心里传承好。③经济的发展，需要文化的支撑；民族的强盛，更需要文化的传承。苏州的一幅"双面绣"让人流连忘返，一面是源远流长的历史，一面是日新月异的突破，体现了科技与文化交织、传统与现代共舞，令很多国外友人无比赞叹，展示了中华文化的强大魅力。

---

① 《习近平谈治国理政》第4卷，外文出版社2022年版，第309页。
② 《习近平谈治国理政》第2卷，外文出版社2017年版，第51页。
③ 《习近平在江苏考察时强调　在推进中国式现代化中走在前做示范　谱写"强富美高"新江苏现代化建设新篇章》，《人民日报》2023年7月8日。

文化高质量发展是实现共同富裕的重要一环，对夯实物质基础发挥着重要作用。文化是一座城市的"第一性"。一座城市想要脱颖而出，需要形成一条文化精神和价值观念的主线，把文化当作城市高质量发展的关键变量。比如，重庆市以文化铸魂，努力建设成为一座"承千年文脉、铸人文精神、树时代新风、强创新品质"的文化强市，为重庆改革发展提供文化凝聚力和精神推动力。近年来，重庆不仅注重保护传承好重庆独特的巴渝文化、革命文化、三峡文化、移民文化、抗战文化、统战文化，还下大力气建设好长江、长征国家文化公园（重庆段），培育重庆文化新标识、形成文化发展新格局。实施红岩精神传承弘扬工程，建设红色基因传承示范区。同时，打造新时代文明实践精品示范带，实施文化惠民工程，建设高水平公共文化服务体系。[①]一方面，传承传统文化的韵味底蕴，让历史烙印与时代气息融为一体，用文化塑造新时代城市的魂，使文化核心引擎真正成为持续发展最基本、最深沉、最持久的力量。在这一过程中，文化既是精神生产力和精神产品，更是我们在社会实践过程中所获得的现实的物质力量。另一方面，以科技助力文化高质量发展。将高科技创新融入传统艺术，实现古典与现代、文化与科技、历史感与未来感立体化高质量的发展，这在一定程度上代表了未来发展的总体趋势。

传统中有我们的精神基因，文化中有民族的志气底蕴。只有读懂古老而伟大的中华民族为何生生不息，领悟源远流长的中华文明如何博大精深，才能不断开辟和发展中国特色社会主义。倘若没有文化的传承与延续，社会经济发展就成了无源之水、无本

---

① 重庆市委常委、宣传部部长姜辉：《坚持不懈用习近平新时代中国特色社会主义思想凝心铸魂》，《学习时报》2023年3月29日。

之木，也就失去其生生不息的精神活力。习近平总书记在登上"天下第一雄关"嘉峪关考察时强调，要做好长城文化价值发掘和文物遗产传承保护工作，弘扬民族精神，为实现中华民族伟大复兴的中国梦凝聚起磅礴力量。2023年6月2日，习近平总书记在北京出席文化传承发展座谈会时强调，担负起新的文化使命，要像爱惜自己的生命一样保护历史文化遗产，加强文物保护利用和文化遗产保护传承，守护好中华文脉。敦煌研究院名誉院长樊锦诗从青春少女到白发苍苍，"一生只做一件事"，守望文化瑰宝长达一个甲子的时光。她和敦煌研究院一起，运用现代的科技手段，打造数字敦煌，构建综合保护体系，真实、完整、可持续地保管敦煌艺术瑰宝，多彩文创让敦煌文化走进千家万户，使古老的石窟焕发出熠熠生辉的时代光彩。

不断开辟文化高质量发展新路径。突出时代化，提升文化吸引力；突出产业化，提升文化生产力；突出数字化，提升文化竞争力；突出社会化，提升文化凝聚力；突出国际化，提升文化影响力。如苏州平江历史文化街，一方面完善街区建设，改善居民生活环境；另一方面修缮、还原历史文化古街的风貌，将苏州原汁原味的姑苏人文非物质文化遗产，如昆曲、评弹、苏绣等呈现出来。正如习近平总书记所说，没有中华五千年文明，哪有我们今天的成功道路。共同富裕离不开经济筑基，更离不开文化铸魂，要为共同富裕注入文化的源头活水，让文化"软实力"成为共同富裕的"硬支撑"。

（二）既要富口袋，也要富脑袋

回望灿若星河的历史，从管仲的"凡治国之道，必先富民"，孔子的"不患寡而患不均"，孟子的"贤者与民并耕而食"，到

《礼记·礼运》描绘的大同社会，共同富裕的思想深深根植于中华民族传统文化中。

共同富裕作为社会主义的本质特征和根本目标，指的是全体社会成员生活上的全面富裕，这种全面富裕内在地包含着物质和精神两个方面的含义，也就是"富口袋"和"富脑袋"。它既表现为社会成员对生活资料占有数量上的极大丰富，更集中地表现为社会成员精神文化生活质量的极大提高。

当前我国发展已经到了扎实推进共同富裕的重要时期，一个重要方面就是要处理好"富口袋"和"富脑袋"的关系。两者相辅相成，相互作用，是辩证统一的关系。我们既要家家"仓廪实衣食足"，实现物质生活水平提高；也要人人"知礼节明荣辱"，实现精神文化生活丰富，最终促进人的全面发展和社会全面进步。"富口袋"与"富脑袋"的统一是实现共同富裕的必然要求。无数实践证明，"富口袋"和"富脑袋"并重，才能实现真正的富足。如果只富"脑袋"，不富"口袋"，那就是形式主义；如果只富"口袋"，不富脑袋，就走偏了方向。"脑袋""口袋"都富了，人民才能有真正的获得感、幸福感、安全感。新时代新征程上，我们应深刻把握既要富口袋，也要富脑袋的科学内涵，不断厚植现代化的物质基础，大力发展社会主义先进文化，促进物的全面丰富和人的全面发展，实现全体人民物质富足和精神富有相统一。

一方面，精神生活的富裕归根到底要以物质生活的富裕为前提和条件。中国自古就有"仓廪实而知礼节，衣食足而知荣辱"的格言，有了一定的物质基础，人们才能谈得上充实自己的精神生活，并逐步走向精神生活上的富裕。富强是"躯体"，精神是"灵魂"，口袋鼓了，文明修养也要随之提升。习近平总书记从全局高度对新时代共同富裕进行了更加深入的思考,提出精准扶贫、高质量发展和共享发展理念,通过脱贫攻坚、乡村振兴、全面建成小康社会等实践探索,给共同富裕注入了新鲜的血液,让共同富裕思想在实践中不断发展成熟。

另一方面,物质生活的富裕并不能自发引导出精神生活富裕的结果来。精神生活富裕是人的精神生活发展呈现出的一种丰富和完善状态。人们精神生活的富裕,从来不是物质财富所能完全左右的。当代发达资本主义国家,物质文明不能说不发达,人们的物质生活也不能说不富裕,但是在精神生活领域的问题却相当严重。社会主义制度的建立,为物质富裕和精神富裕的协调发展提供了坚实的基础,但也不是说,在社会主义条件下,随着物质生活水平的提高,人们的精神生活就能自动走向富裕。如果不重视和切实加强精神文明建设,物质生活的富裕同样不可能引导出精神生活富裕的结果来。改革开放40年来,我国人民的物质生活水平确实有了很大提高,这是举世公认的。但与此同时,利己主义、拜金主义和享乐主义思潮也在蔓延和泛滥,相当一部分人出现了精神生活贫困现象,特别是党内出现的为满足一己私利而不择手段的腐败现象,权钱交易、权色交易、理想信念淡化。不难想象,长此发展下去,不但谈不上精神生活的共同富裕,连物质生活的共同富裕也不可能实现。"邓小平同志早就告诫我们:风气如果坏下去,经济搞成功又有什么意义?会在另一方面变质!"[1]我们要充分认识精神上的"脱贫致富"对发展社会主义市场经济、促进共同富裕的重要作用。社会主义市场经济的建立和发展,必须有科学的精神力量来引导,否则,其发展就会误入歧途并失去动力,社会的全面共同富裕也就只能成为一句空话。如

---

[1] 习近平:《论党的宣传思想工作》,中央文献出版社2020年版,第112页。

果说，在实现共同富裕的过程中，市场力量是一只"看不见的手"的话，那么，精神文化的力量就是另一只"看不见的手"。这两只"看不见的手"对于社会主义市场经济的发展和社会的共同富裕都是不可缺少的。而且，随着社会的发展，文化力、精神力这只"看不见的手"的地位和作用将显得越来越突出。要使我国的社会主义市场经济得到健康发展，使社会达到共同富裕，除了必须按市场经济的内在规律进行各项卓有成效的改革外，还必须培养一种与市场经济发展和社会共同富裕的内在要求相适应的文化精神、道德精神，培养具有较高科学文化和思想道德素质的时代新人。这就需要我们不断丰富人民精神世界。比如，我们要聚焦社会主要矛盾，着力解决精神文明建设中存在的不平衡不充分的问题，以更好满足人民美好精神文化生活需要。要着力解决城乡、区域、弱势人群在文化教育、精神生产等方面存在的不平衡的问题。要针对精神"缺钙"的问题，着力加强理想信念和社会主义核心价值观的教育，增强精神凝聚力和抵抗力，尤其是加强意识形态工作，提高识别和抵制错误观念的能力。要自觉抵制拜金主义、享乐主义、极端个人主义、历史虚无主义等错误思想，追求更有高度、更有境界、更有品位的人生。要加强文化自信，着力推动各项文化事业和文化产业发展。推出更多像《觉醒年代》《长津湖》《山海情》等有筋骨、有道德、有温度的文艺作品。要提高全体国民的科学文化和思想道德素质……在全社会凝聚起奋进新征程、建功新时代的强大精神力量。

真正的富足是人的全面发展。物质富裕和精神富有是人民群众对美好生活的应有之义。只有"脑袋""口袋"都富了才能有真正的获得感、幸福感、安全感。"功崇惟志，业广惟勤"，共同奋斗是实现共同富裕的根本途径。统筹好物质文明和精神文明的关系，重视富"口袋"，又重视富"脑袋"，在注重增加城乡居民收入的同时，更加关注人民群众精神力量的增强、文化生活的满足，推动形成与共同富裕相适应的价值理念、精神面貌、社会规范、文明素养，为全国各族人民共同奋斗提供坚实的物质基础和坚强的思想保证、强大的精神力量、丰润的道德滋养。

（三）既要硬实力，也要软实力

习近平总书记多次提出，今天的人类社会又一次走到了十字路口，面临前所未有的挑战，世界怎么了？我们向何处去？面对百年未有之大变局，我们是沿着正确的方向不断地实现人类历史的进步，还是被逆流中断？今天不仅有逆风逆流，甚至有时还有惊涛骇浪。面对两种前途，两种命运：一种是基于人类命运共同体的理念，构建更加公平合理的国际秩序，贯彻合作共赢的发展原则推动历史前进；还有一种是退回冷战时期，由美西方少数国家操纵，让世界陷入一个停滞的不公平的国际秩序。答案是肯定的，我们当然要倡导更加公平合理的国际秩序，通过构建人类命运共同体，倡导全人类共同价值，实现共赢共享。在实现中国式现代化新征程上，我们既要有雄厚的硬实力基础，更需要精神财富极大丰富的软实力支撑。透过西方大国崛起的历史，我们发现：虽然各个国家发展道路不尽相同，但存在一个共同的规律，那就是在经济、科技、军事等方面实力不断提升的同时，各个国家的价值取向、发展模式、思想观念、社会制度等的吸引力、感召力和影响力也在与日俱增。

所谓硬实力，主要指的是物质实力，以经济实力、科技实力、军事实力为代表的一系列综合实力，表现为物质性、实体性，指一切看得见摸得着、可量化的，可发挥硬性强制作用的力量。例如，军事上可以运用战机、军舰、坦克、导弹等形成威慑对手的能力，经济上可以运用原料、资金、生产、运输、存储、交易等形成对抗竞争对手的能力，都属于硬实力。它能够为国家提供安全保障、经济繁荣和科技创新等方面的支持。从地缘政治意义看，硬实力发达程度决定经济、军事、科技等各个领域的先进程度，是物质文明的一种体现，从而在很大程度上决定地缘政治关系和国际政治地位。正如《管子》所说，"故国富兵强，则诸侯服其政，邻敌畏其威"，这句话深刻道出了硬实力对于保证国家国力昌盛、邻国不敢进犯的重要意义。

所谓软实力，在中国也叫文化软实力。主要指的是精神文化，特别是精神文化的意识形态内容，它对各类知识性文化起决定性作用，包括文化、价值观、道德伦理等方面的影响力。指一切看不见摸不着、难以计量，表现为精神、情感、智慧、情操、品格等可以发挥柔性亲和作用的力量。例如，文化的吸引力、语言的说服力、理想的感召力、精神的鼓舞力、智慧的创造力、道德的教化力、理论的指导力、舆论的引导力、艺术的感染征服力等，都属于文化软实力。它能够为国家树立良好的形象、吸引人才和影响他国的认同。"软实力"这个概念，最早是美国哈佛大学肯尼迪政府学院约瑟夫·奈教授提出的，之后软实力作为国际权力要素在国际竞争中的地位和作用迅速提高。党的十七大报告赋予"软实力"以中国特色和意义，特别是在"软实力"前面加上了"文化"二字，将"提高国家文化软实力"写进党的十七大报告中，强调文化在"软实力"中发挥着灵魂的作用。

国家硬实力和软实力是体现现代化强国的两个方面，二者紧密联系，相互贯通。一方面，硬实力是软实力的物质基础。硬实力为软实力的发展提供保障，没有硬实力，软实力就无从谈起。

另一方面，软实力为硬实力注入了精神力量。透过历史的尘埃，我们看到诸多变革，从表面上看似乎是利益的胜利，实则是软实力的胜利。不仅仅是一种利益战胜另一种利益，而是一种思想和主义战胜另一种思想和主义。这种思想和主义转化为巨大的凝聚力，成为推动社会主义现代化强国建设的强大精神动力。正如习近平总书记所指出的那样，没有先进文化的积极引领，没有人民精神世界的极大丰富，没有民族精神力量的不断增强，一个国家、一个民族不可能屹立于世界民族之林。没有文化高度的软实力，会导致目光短浅；没有文化深度的软实力，会导致肤浅盲目；没有文化广度的软实力，会导致狭隘极端；没有文化开放的软实力，会导致封闭落后。

在一定程度上，软实力可以弥补硬实力的不足，软实力的衰退可以消解硬实力。美苏争霸时期，虽然苏联在硬实力总体上还不如西方，但是在软实力上的道德优势弥补了硬实力，使双方维持战略均势，世界大舞台成了美苏两国的"双人秀场"。这一时期与列宁高度重视文化建设密不可分，文化发展增强了社会凝聚力。然而，斯大林时期，太多的政治因素侵入公共文化发展及其导致的包容性和开放性的缺乏，苏联的软实力逐渐衰退，导致意识形态认同的缺失，消解了硬实力，世界上第一个社会主义国家轰然解体。透过苏联解体的历史，我们可以看到文化软实力建设事关国家兴衰成败，要保持政权稳定和国家繁荣，必须要重视文化软实力建设。

习近平总书记在中共中央政治局第十二次集体学习时说："提高国家文化软实力，关系'两个一百年'奋斗目标和中华民族伟大复兴中国梦的实现。"[①]面对世界百年未有之大变局，面对

---

① 《习近平谈治国理政》第1卷，外文出版社2018年版，第160页。

纷纭复杂的国际形势，实现中华民族伟大复兴，中国必须占领文化软实力制高点。特别要看到，国际上，保护主义、单边主义上升，世界经济增长低迷态势仍在延续，不稳定性不确定性因素明显增加，机遇和挑战前所未有；在国内，社会思想意识多元多样多变，不同思想文化、道德观念、价值取向的碰撞更加频繁，西方敌对势力一直在加紧对我国实施西化分化，这就需要我们按照"两个文明"协调发展要求，推动国家硬实力与软实力建设齐头并进，让文化"软实力"成为共同富裕的"硬支撑"。不断做强国际舆论场的中国声音，站稳中国立场、讲好中国故事、展现中国形象，不断提升中国国际话语权。

三、中国式现代化的助推剂

中国式现代化是社会主义性质的现代化，超越了西方现代化资本逻辑下"两个文明"单一的物质主义立场。在以中国式现代化全面推进中华民族伟大复兴的新征程上，如何助推中国式现代化行稳致远，把中国式现代化的美好蓝图一步步变成现实，这就需要不断厚植现代化的物质基础，不断夯实人民幸福生活的物质条件，弘扬中华优秀传统美德，用社会主义核心价值观引领精神文明建设，促进物的全面丰富和人的全面发展。

（一）夯实物质文明基础

物质文明经历了由古代到现代的发展历程，一定程度上反映了人们认识物质世界和改造物质世界的能力。人类在适应环境的过程中，为探索更美好的生活，创造了一系列闪耀着智慧光芒的科技成果，直接推动了生产力水平的提高。以中国古代历史悠久辉煌的农业文明为例，从原始农业时代的石斧石镰，到夏商周的青铜农具、木制耒耜，再到春秋战国时期铁制农具的使用；随着秦汉冶铁业的广泛发展，铁农具在全国范围内普及，汉代耧车、唐代曲辕犁，更是农具的重要发明；直到明清时期，深耕犁的出现反映了农具的进一步完善、耕作技术的提高。从中国古代农业生产工具和技术的改进，我们深切地感受到物质文明在推动社会进步的过程中所发挥的巨大作用。尤其是科技的进步把人类的种种幻想变成现实，曾经"万户飞天"的梦想也在今天伴随着中国载人航天技术的发展一次次转变为现实；上古时代异想天开的"造人"神话，也在今天科学家手中转变为看得见摸得着的现实。清华大学的首个人工智能机器人"华智冰"让我们为之惊叹，以人造肌肉为主要材料制成的"类人机器人"正款款向我们走来。中国正以全新的姿态，引领以绿色和人工智能为代表的第四次科技革命的新浪潮。

党的二十大报告指出："不断厚植现代化的物质基础，不断夯实人民幸福生活的物质条件。"新中国成立70多年以来，中国共产党带领中国人民以前所未有的勇气和魄力披荆斩棘、劈波斩浪，在极短的时间实现了从贫穷到富裕、从羸弱到强大的历史性跨越。久经磨难的中华民族迎来了从站起来、富起来到强起来的伟大飞跃，但我们依然要清醒认识到，当前我国发展仍然处于社会主义初级阶段，进入新发展阶段也只是"万里长征第一步"，前进道路上，我们会遇到各种风险挑战。面对复杂严峻的国际环境和艰巨繁重的国内改革发展稳定任务，我们要清醒认识到"中国式现代化是一个物质积累的过程"，只有聚精会神搞建设，一心一意谋发展，始终坚持以经济建设为中心，全面增强经济实力、科技实力、综合国力，才能铸牢国家富强、民族振兴、人民幸福的物质基础。那么，我们该如何夯实物质文明基础，切实推动中国式现代化行稳致远呢？

一是着力推动高质量发展这一首要任务。党的二十大报告明确指出，"高质量发展是全面建设社会主义现代化国家的首要任务"，提出了"加快构建新发展格局，着力推动高质量发展"这一经济工作总思路。中央经济工作会议强调，要完整、准确、全面贯彻新发展理念，加快构建新发展格局，着力推动高质量发展。夯实物质文明基础，发展是第一要务。没有坚实的物质技术基础，就不可能全面建成社会主义现代化强国。我们要深刻认识加快构建新发展格局对于实现高质量发展的重要性，坚持以高质量发展为主题，加快建设现代化经济体系，着力提高全要素生产率，推动经济实现质的有效提升和量的合理增长。高质量发展可以为全面建设社会主义现代化国家提供更为坚实的物质基础，是在新征程上解决我国社会主要矛盾的重要支撑，为我国应对国际环境深刻变化、应对风险挑战提供重要保障。

二是切实发挥教育、科技、人才的基础性、战略性支撑作用。党的二十大报告首次将"教育、科技、人才"提到更加重要的位置。习近平总书记指出："科技创新，就像撬动地球的杠杆，总能创造令人意想不到的奇迹。"[1]中国式现代化关键在科技现代化，创新是一个民族进步的灵魂，是一个国家兴旺发达的不竭动力。奋进新征程、建功新时代、创造新伟业，必须坚持科技是第一生产力、人才是第一资源、创新是第一动力，深入实施科教兴国战略、人才强国战略、创新驱动发展战略，切实发挥教育、科技、人才事业的基础性、战略性支撑作用。新时代十年，我国教

---

[1] 《习近平谈治国理政》第1卷，外文出版社2018年版，第120页。

育普及水平实现历史性跨越，在园幼儿4805.2万人，毛入园率88.1%，10年提高23.6个百分点。义务教育阶段在校生1.6亿人，已实现全面普及。[1]还记得四川凉山悬崖村的孩子们吗？从2016年11月份到2020年5月份，从最初悬崖村的孩子们每天至少要用2个小时的时间翻山越岭去上学，到如今"悬崖村"实现了易地搬迁、全部脱贫，孩子们有了和城市里孩子一样的教学条件。

全面建设社会主义现代化国家，对物质文明建设提出了更高要求。实现质的有效提升和量的合理增长，归根到底要靠不断解放和发展生产力，创造出比资本主义现代化水平更高的物质财富。邓小平曾这样讲："一个真正的马克思主义政党在执政以后，一定要致力于发展生产力，并在这个基础上逐步提高人民的生活水平。这就是建设物质文明。"[2]没有发达的物质文明，一个国家和民族就会缺乏自立于世界的物质基础。全面增强经济实力、科技实力、综合国力，才能筑牢国家富强、民族振兴、人民幸福的物质基础，不断夯实中国式现代化的根基。

（二）弘扬中华优秀传统美德

中华优秀传统美德是中华优秀传统文化的精髓，是道德建设的不竭源泉。"今天，中华民族要继续前进，就必须根据时代条件，继承和弘扬我们的民族精神、我们民族的优秀文化，特别是包含其中的传统美德。"[3]

问渠那得清如许，为有源头活水来。中华民族的道德文化源远流长，它于商周时期，经过两汉经学、魏晋玄学、隋唐佛学、

---

[1] 程旭、林焕新：《这十年，我国教育面貌正在发生格局性变化》，《中国教育报》2022年9月28日。
[2] 《邓小平文选》第3卷，人民出版社1993年版，第28页。
[3] 《习近平谈治国理政》第1卷，外文出版社2018年版，第181页。

宋明理学等各种不同学术文化思潮的洗礼、激荡、扬弃，而不断丰富发展，成为世界上最有特色的道德文化体系。它内容极其丰富，个性极其鲜明，影响极其深远，是世界上道德文化宝库中一颗璀璨的明珠。中华民族传统道德是中国历史上不同时代人们的行为方式、风俗习惯、价值观念和文化心理的体现，是中国古代思想家对中华民族道德实践经验的总结、提炼和概括，其精华部分就是中华传统美德。中华传统美德在长期的发展过程中，形成了以爱国主义为核心的民族精神，铸就了勤劳勇敢、自强不息的思想和观念，成为中华民族生生不息、发展壮大的坚实精神支撑和强大道德力量，历经岁月洗礼而历久弥新，是夯实全社会文明根基、提高全社会文明程度的宝贵资源，是滋养现代文明的源头活水。

中国传统道德作为一个矛盾统一体，既有积极、革新、进步的一面，又有消极、守旧、落后的一面。所以，立足于新时代，要结合新时代特点，力求对中华传统道德进行现代转型，要用辩证唯物主义和历史唯物主义观点，古为今用，努力实现中华传统美德在继承中创造性转化、在实践中创新性发展，为培育和践行社会主义核心价值观提供丰富滋养。

一方面，加强对中华传统美德的挖掘和阐发。中国传统文化十分强调道德修养和道德教化，先秦时期开启了中华民族道德生活，以对德性的崇尚、对人格的追求、对伦理的向往著称于世，成为民族精神的源头活水。中华传统美德内容丰富、博大精深，是人类文明发展的重要精神财富，是社会主义道德建设的源头活水，更为中国式现代化的实现提供了深厚的精神之源。"中华优秀传统文化中很多思想理念和道德规范，不论过去还是现在，都有其永不褪色的价值。"①充分发掘中华优秀传统文化蕴涵的丰厚资源，为新时代公民道德培育提供不竭的精神源泉。在礼敬、保护文化经典、历史遗存的前提下充分运用其文化资源，去粗取精，推陈出新，进一步挖掘和阐释传统文化蕴含的传统道德价值，才能在现代化进程中永葆青春。

在注重道德践履方面，中国式现代化发展进程中，离不开强化道德修养和注重道德践履的传统。

在"立德、立功、立言"三不朽的传统价值理念中，"立德"置于"三不朽"之首。从孔子提倡"见贤思齐焉，见不贤而内自省"，到曾子提出"吾日三省吾身"，再到孟子主张"善养吾浩然之气"……古代思想家们不仅对道德修养和道德教化理论进行了系统论述，而且提出了修身养性的具体方法以及家箴家训、乡规民约等教化方式。儒家成仁取义的道德理想，墨家"兼爱"的伦理主张，道家"尊道贵德"的思想理论，都体现了中国自古以修身为本的价值理念。中华民族无数的仁人志士，以自己的实际行动谱写了一曲曲充满浩然正气的道德之歌。在实现中国式现代化的新征程上，我们更需要注重道德践履，加强和改进思想道德建设，推动明大德、守公德、严私德，提高人民道德水准和文明素养。中国式现代化所遵循的以德治国和依法治国相结合的治理方略，助推了国家治理体系和治理能力的现代化进程。

中国式现代化离不开中华民族的集体主义传统。在中华传统道德的发展演化中，始终强调整体利益、国家利益和民族利益的重要性。从2000多年前的"夙夜在公"（《诗经》）、"以公灭私，民其允怀"（《尚书》）到贾谊在《治安策》中提到的"国而忘家，公而忘私"，再到清代林则徐提出的"苟利国家生死以，

---

① 习近平：《在文艺工作座谈会上的讲话》，人民出版社2015年版，第26页。

岂因祸福避趋之",都体现了中国传统道德推崇个体利益服从集体利益的价值取向,以义为上,先义后利,提倡为国家、为民族献身的精神。革命战争时期,无数英雄先烈抛头颅洒热血,舍小家为大家。社会主义改造和建设时期,两弹一星功勋奖章获得者邓稼先,几十年如一日不计个人得失、默默奉献。当他接到新的任务,回家与妻子道别时,他用"两个不知道"回答妻子的询问,诠释了个人利益服从集体利益的道德垂范。新时代更要传承和弘扬中华传统美德,赋予其新的时代内涵。

中国式现代化是走和平发展之路的现代化,这一特征与中国自古以来"以和为贵"的传统美德一脉相承。从孔子"己欲立而立人,己欲达而达人"到孟子"亲而仁民,仁民而爱物",再从荀子"仁者自爱"到墨子"兼相爱,交相利"……这些思想从仁爱精神出发,体现了中国自古以来"以和为贵"的传统。在人际关系上,主张与人为善、推己及人,人与人之间和谐友爱;在民族关系上,主张各民族互相交融、和衷共济,建设团结和睦的大家庭,这为"铸牢中华民族共同体意识"的提出奠定了思想基础;在对外关系上,倡导亲仁善邻、协和万邦,与世界其他民族在平等相待、互相尊重的基础上发展友好合作关系。这为今天的治国理政提供了宝贵的智慧启迪,为构建人类命运共同体提供了价值观根基。"万物并育而不相害,道并行而不相悖。"只有各国行天下之大道,和睦相处、合作共赢,繁荣才能持久,安全才有保障。

这些传统美德蕴藏的中国智慧,既可以为我们今天的道德建设提供有益启发,为治国理政提供有益启示,也为解决当代人类面临的道德难题提供重要启迪,为每个人的全面发展提供宝贵精神营养。但是,值得注意的是,要反对两种错误思潮。一种是复古论，认为道德建设的最终目标就是要恢复中国"固有文化"，对于传统道德不加批判，完全照搬照抄；另一种是虚无论，片面化地认为在今天中国传统道德已经失去了价值和意义，并予以全盘否定。很显然，这两种观点都是错误的，割断了道德的历史与发展的关系，都不利于社会的发展和道德的进步。我们要树立高度的文化自觉和文化自信，深入挖掘中华优秀传统文化蕴含的思想观念、人文精神、道德规范，结合时代要求继承创新，让中华文化展现出永久魅力和时代风采。

另一方面，用中华传统美德滋养社会主义道德建设。"一纸书来只为墙，让他三尺又何妨。万里长城今犹在，不见当年秦始皇。"安徽桐城六尺巷"你让三尺，我让三尺"故事，依然令人记忆犹新。中华优秀传统美德是历史淬炼的精华，是民族文化的瑰宝，千百年来塑造着中华民族的品格，撑起了一代又一代民族脊梁，是中华民族革故鼎新、生生不息的重要精神密码和文化基因，孕育着社会主义核心价值观的思想精髓。然而，中华传统美德有其阶级性和时代的局限性，我们要结合新的时代语境，按照是否有利于推动中国特色社会主义事业、是否有利于建设社会主义道德体系、是否有利于培育和践行社会主义核心价值观的标准，坚持古为今用、推陈出新的原则，将传承发展中华传统美德，与现代价值观有机结合，赋予新时代的社会主义道德以鲜明的民族特色，形成新的道德规范和行为准则。

同时，我们需要重视中华优秀传统美德的教育和引导，让更多的人认识到这些美德的重要性，在实际行动中切实践行。要立足于面向大众、服务人民，发挥中华传统美德人伦日用的化育功能，使传统美德与日常生活水乳交融，让传统美德点点滴滴地融入人们的生活，生根发酵，产生化育的功能，把跨越时空超越国度、富有永恒魅力、具有当代价值的文化精神重新诠释、激活和弘扬起来。比如在机场、车站、图书馆等地打造中华优秀传统美德文化墙，以图文并茂的形式讲述中华优秀传统美德，以喜闻乐见的形式向广大市民传递最平凡而又最真诚的文化品质。

弘扬中华传统美德，也要依托实施公民道德建设工程，夯实全社会文明根基。中华传统美德历经岁月洗礼而历久弥新，是夯实全社会文明根基、提高全社会文明程度的宝贵资源。中共中央、国务院印发《新时代公民道德建设实施纲要》，明确要求继承和弘扬中华传统美德，以加强新时代公民道德建设。如弘扬"事父母，能竭其力""谁言寸草心，报得三春晖"等孝老爱亲的传统美德，必将有助于形成良好的家风民风，从而实现"里仁为美"，在全社会形成良好的社会风气。

（三）用社会主义核心价值观引领精神文明建设

从2002年起，中央电视台每年都会推出"感动中国人物评选"，一个又一个时代楷模向我们走来，郑培民、廖俊波、张富清、张桂梅……虽然他们很多人都只是在平凡的岗位上做着平凡的工作，但是他们的事迹震撼着人们的心灵，让人泪流满面。他们以自己的实际行动从不同角度诠释了社会主义核心价值观的真谛，像灯塔一样照亮了整个社会的价值星空。

习近平总书记在党的二十大报告中指出："社会主义核心价值观是凝聚人心、汇聚民力的强大力量。"[1]这一重要论断，深刻阐明了践行社会主义核心价值观的重要意义。中国式现代化进程需要以社会主义核心价值观为引领，精神文明建设需要以培育和

---

[1] 习近平：《高举中国特色社会主义伟大旗帜 为全面建设社会主义现代化国家而团结奋斗——在中国共产党第二十次全国代表大会上的报告》，人民出版社2022年版，第44页。

践行社会主义核心价值观为途径，形成以社会主义核心价值观为统领，"两个文明"协调发展的社会主义现代化道路。

从电影《流浪地球》中的集体主义和《伦敦陷落》中的个人主义，我们可以看到价值观反映着特定的时代精神、蕴含着特定的阶级立场、体现着鲜明的民族特色。价值观是主体对客体有无价值、价值大小的立场和态度，是对价值及其相关内容的基本观点和看法。任何一个社会都存在多种多样的价值观念和价值取向，要把全社会意志和力量凝聚起来，必须有一套与经济基础和政治制度相适应，并能形成广泛社会共识的核心价值观。核心价值观是一定的社会形态、社会性质的集中体现，在一个社会的思想体系中处于主导地位，体现着社会制度的阶级属性、社会运行的基本原则和社会发展的基本方向。核心价值观承载着一个民族、一个国家的精神追求，是最持久、最深层的力量。历史和现实都表明，核心价值观是一个国家的重要稳定器，能否构建具有强大感召力的核心价值观，关系社会和谐稳定和国家长治久安。我国是一个有着14亿多人口、56个民族的大国，确立反映全国各族人民共同认同的价值观最大公约数，使全体人民同心同德、团结奋进，关乎国家前途命运、关乎人民幸福安康。建设各民族共有精神家园，积极培养中华民族共同体意识，关键在社会主义核心价值观的建设。社会主义核心价值观是凝聚共识、丰富各族人民精神世界的内生动力。正如习近平总书记指出的："如果一个民族、一个国家没有共同的核心价值观，莫衷一是，行无依归，那这个民族、这个国家就无法前进。"[①]

那么，在当代中国，我们的国家应该坚守什么样的核心价值观呢？党的十八大提出"三个倡导"，从国家、社会和个人三个

[①] 《习近平谈治国理政》第1卷，外文出版社2018年版，第168页。

层面，把社会主义核心价值观概括为"富强、民主、文明、和谐，自由、平等、公正、法治，爱国、敬业、诚信、友善"24个字，深刻回答了我们要建设什么样的国家、建设什么样的社会、培育什么样的公民的重大问题，是当代中国精神的集中体现，凝结着全体人民共同的价值追求。社会主义核心价值观作为一种上层建筑，根植于中华文化沃土，熔铸于我们党领导人民长期奋斗的伟大实践。中国共产党带领全国人民在经济、政治、文化和社会等方面建立了一套比较成熟的基本制度和体制，社会主义核心价值观就是与这些基本制度和体制相适应，必然要求有一个主导全社会思想道德观念和行为方式的核心价值观。

社会主义核心价值观作为中国精神的集中体现，是社会主义先进文化的精髓。与西方普世价值的虚假性不同，社会主义核心价值观彰显了人民至上的价值立场，坚持人民历史主体地位，代表最广大人民的根本利益，具有强大的道义力量，犹如高高飘扬的旗帜，昭示着中国特色社会主义发展方向和光明前景，有利于增强社会主义意识形态的竞争力，掌握话语权，赢得主动权，逐步打破西方的话语垄断、舆论垄断，维护国家文化安全和意识形态安全。

道不可坐论，德不能空谈。于实处用力，从知行合一上下功夫。唯有如此，社会主义核心价值观才能逐渐内化为人们的精神追求，外化为人们的自觉行动。时代发展到今天，更需要我们久久为功，多策并举，将践行社会主义核心价值观落于实处。

一是要着力培养担当民族复兴大任的时代新人。核心价值观建设，说到底是人的思想建设、精神文明建设，聚焦的是造就具有正确世界观、人生观、价值观的社会主义建设者。党的十九大把培养担当民族复兴大任的时代新人作为培育和践行社会主义核心价值观的着眼点。党的二十大强调要弘扬以伟大建党精神为源头的中国共产党人精神谱系，用好红色资源，深入开展社会主义核心价值观宣传教育，深化爱国主义、集体主义、社会主义教育。同时将爱国主义教育与培育个体的人生观、价值观相结合，从而树立家国情怀，提升精神境界。

二是要以坚定的理想信念筑牢精神之基。人民有信仰，国家有力量，民族有希望。党的二十大强调："推动理想信念教育常态化制度化，持续抓好党史、新中国史、改革开放史、社会主义发展史宣传教育，引导人民知史爱党、知史爱国，不断坚定中国特色社会主义共同理想。"[1]尤其要重视青少年理想信念教育，让理想信念的明灯永远在全国各族人民心中闪亮。

三是坚持用社会主义核心价值观铸魂育人。完善思想政治工作体系，发挥政治优势，创新群众工作体制机制和方式方法，及时了解群众利益诉求，及时解决群众思想认识问题和现实利益问题。要加强学校思想政治工作，把思想政治工作贯穿教育教学全过程，推进大中小学思想政治教育一体化建设，教育引导广大青少年扣好人生第一粒扣子，培养一代又一代社会主义建设者和接班人。

四是要把社会主义核心价值观融入法治建设、融入社会发展、融入日常生活。坚持依法治国和以德治国相结合，善于运用法律来推动社会主义核心价值观建设。强化教育引导、实践养成、制度保障。坚持落细落小落实，把社会主义核心价值观体现到国民教育，贯穿于日常宣传，弘扬主旋律，传播正能量，推动社会主义核心价值观日益深入人心。不断巩固壮大积极健康向上

---

[1] 习近平：《高举中国特色社会主义伟大旗帜 为全面建设社会主义现代化国家而团结奋斗——在中国共产党第二十次全国代表大会上的报告》，人民出版社2022年版，第44页。

的主流思想舆论。让社会主义核心价值观"像空气一样"浸润于社会生活方方面面。志愿服务在大江南北蔚然成风，与文明城市、文明家庭等创建活动同频共振。

五是要深入实施文明创建工程。深化群众性精神文明创建活动，扎实推进新时代文明实践中心建设，打造精神文明高地，厚植勤劳致富、共同富裕的文化氛围，大力推进精神文明建设和思想道德建设。我们有理由相信，到2050年，我国全面建成社会主义现代化国家的时候，社会主义核心价值观将更加深入人心，人民的精神世界将进一步丰富。一个富强民主文明和谐美丽的社会主义现代化强国将屹立在世界东方，这势必深刻影响人类历史进程，为人类文明进步作出巨大贡献。

（四）促进人的全面发展

党的二十大报告为我们描绘了未来发展的蓝图，核心是以人民为中心，围绕人的全面发展、人的现代化来展开。现代化的本质是人的现代化。人的现代化从根本上说是与实现人的全面发展相一致的。人的全面发展是物质生活和精神生活共同富裕的必然结果，推动人的全面发展，是马克思主义的基本价值取向，是科学社会主义的重要价值目标。与西方资本逻辑下的现代化不同，中国式现代化坚持"人民中心论"的现代化指导思想，是为了人民和依靠人民的现代化。换言之，推进中国式现代化的目的是创造和实现人民的美好生活。

马克思主义经典理论中，实现共产主义的宏伟理想正是为了每个人自由而全面的发展。"代替那存在着阶级和阶级对立的资产阶级旧社会的，将是这样一个联合体，在那里，每个人的自由发展是一切人的自由发展的条件。"①在这个联合体中，物质财富极大丰富，精神境界极大提高，人们"各尽所能、按需分配"，从而实现人的全面发展和社会全面进步。"人的全面发展"包括生产力全面发展、生产关系全面发展、人作为主体自由而个性的发展，人的自由与社会的自由高度统一。这是千百年来，人类孜孜以求的奋斗目标和一直努力的方向。

在中国追寻现代化的征程上，中国共产党始终把推动人的全面发展作为自己的奋斗目标。从上海望志路到嘉兴南湖那叶游船上，从井冈山茅坪八角楼到延安的窑洞里，从四渡赤水到百万雄师过天堑，从天安门城楼到南海边的一个圆圈……实现"每个人自由而全面发展"的共产主义理想一直是无数中华儿女义无反顾、前赴后继的梦想。直到新中国的成立，中国人民第一次获得了独立的政治权力、应有的人格尊严和基本的生存权利，使人的全面发展有了最基本的条件；随着改革开放的推进，中国人民迎来了从温饱不足到小康富裕的跨越。社会主义市场经济体制的确立促进生产力快速发展，为人的全面发展提供物质基础。

党的十八大以来，以习近平同志为核心的党中央坚持把人民对美好生活的向往作为奋斗目标，努力解决好人民最关心最直接最现实的利益问题，"在我国社会主义制度下，既要不断解放和发展社会生产力，不断创造和积累社会财富，又要防止两极分化，切实推动人的全面发展、全体人民共同富裕取得更为明显的实质性进展"②。从一大到二十大，从"一五"计划到"十四五"规划，蓝图一次比一次清晰，目标一次比一次明确，愿景一次比一次更接近于实现中华民族的伟大复兴。我们在中华大地上全面

---

① 《马克思恩格斯文集》第2卷，人民出版社2009年版，第53页。
② 《习近平谈治国理政》第4卷，外文出版社2022年版，第209页。

建成了小康社会，历史性地解决了绝对贫困问题。人民对美好生活的向往，已经从"有没有"转向"好不好"，呈现多样化、多层次、多方面的特点，因此，必须持续推动幼有所育、学有所教、劳有所得、病有所医、老有所养、住有所居、弱有所扶取得新进展。

第四章
"五大文明"全面提升

中国式现代化擘画了人类现代化的新图景，既有基于中国国情的独特特点，又呈现各国现代化的共同特征，将建设中华民族现代文明与引领人类文明发展方向统一起来。物质文明、政治文明、精神文明、社会文明、生态文明，这"五大文明"是从人类文明发展高度对中国式现代化道路的新概括。

党的十九大报告指出："从二〇三五年到本世纪中叶，在基本实现现代化的基础上，再奋斗十五年，把我国建成富强民主文明和谐美丽的社会主义现代化强国。到那时，我国物质文明、政治文明、精神文明、社会文明、生态文明将全面提升，实现国家治理体系和治理能力现代化，成为综合国力和国际影响力领先的国家，全体人民共同富裕基本实现，我国人民将享有更加幸福安康的生活，中华民族将以更加昂扬的姿态屹立于世界民族之林。"[①]

中国式现代化是全面发展的现代化，是实现"五大文明"全面提升的现代化。物质文明为现代化建设夯实了雄厚的物质基础，政治文明为推进现代化提供了有力的制度保障，精神文明为中国式现代化赋能了强劲的精神动力，社会文明为现代化发展营造了良好的社会条件，生态文明为现代化行稳致远奠定了可持续的生态前提。"五大文明"构成了协调统一的文明整体，在协调互促中全面提升，共同推进中国式现代化的发展与实现。

---

① 《习近平谈治国理政》第3卷，外文出版社2020年版，第23页。

一、内涵与实践

（一）物质文明是中国式现代化的物质基础（肌体）

物质文明是人们改造自然的物质成果，主要表现为生产力水平的提高、财富的积累和物质生活的改善，是人类社会存在和发展的基础。物质文明程度越高，表明人类离开野蛮状态愈远，依赖自然的程度愈小，控制自然的能力愈强。物质文明的高度发展为人类改造自然、征服自然以及推动人类文明进步创造了必要的物质条件。物质文明不仅在五个文明中处于基础地位，而且在实现中国式现代化和中华民族伟大复兴的新征程上起着巨大的基础支撑作用。物质文明对于中国式现代化建设而言，恰如肌体对人体构成的巨大意义，提供源源不断的物质保障与供给。

中国式现代化建设中的物质文明，与西方现代化以资本逻辑为中心的物质文明不同，突破了以物质现代化为中心的单一型文明形态，体现为一种"超越"。代替了西方以"资本逻辑"为中心和发展动力的模式，中国式现代化建设的物质文明，始终坚持党对经济工作的集中统一领导，坚持"以人民为中心"的发展思想，坚持和完善社会主义基本经济制度，以有效市场和有为政府推动全国统一大市场建设，以高质量发展不断推进现代化经济体系建设取得重大进展。

党的十八大以来，在以习近平同志为核心的党中央坚强领导下，我国的物质文明建设实现历史性跃升，取得了前所未有的巨大成就。统筹推进"五位一体"总体布局、协调推进"四个全面"战略布局，紧紧围绕全面建成小康社会这个战略任务，系推进经济社会发展各项工作。立足新发展阶段、贯彻新发展理念、构建新发展格局，走高质量发展之路，建设现代化产业体系。不断把发展经济的着力点放在实体经济上，经济高质量发展的基础更加牢固，推动全体人民共同富裕不断取得新进展。在中华大地上全面建成小康社会，完成了第一个百年奋斗目标，历史性地解决了绝对贫困问题，完成了史上最大规模的脱贫攻坚，书写了经济快速发展和社会长期稳定的两大奇迹。同时进入创新型国家行列，"高速磁浮交通系统'贴地飞'时速可达600公里；煤炭采掘重器'煤海蛟龙'屡屡刷新掘进速度纪录；基础建设成果不断改变城乡面貌；算力网络加速构建数字生活……高铁里程、5G网络、基建速度、掘进纪录等成果保持世界领先，'中国速度'展现出的'中国效率'令全球瞩目"[1]。世界经济格局深度调整，世界力量对比呈现"东升西降"的趋势，开创了中华民族有史以来未曾有过的经济社会全面进步，为社会主义现代化强国目标的实现提供了坚强的物质基础。

总之，物质文明是中国式现代化的物质基础，它体现了中国式现代化对物质生产、物质消费和物质生活的重视，为实现中国式现代化提供了坚实的物质保障。

（二）政治文明是中国式现代化的政治保障（骨骼）

政治文明，是指人类社会政治生活的进步状态，是人类在政治实践活动中形成的有益的文明成果。政治文明体现为国家治理体系、治理能力的进步状态和政治发展取得的积极成果，包括国家的政治权力、政治制度、政党组织、政治观念和政治行为等。

---

[1] 《奋进新征程 建功新时代（新时代画卷·奋进十年）——十年发展成就图览⑥》，《人民日报》2022年10月15日。

政治文明是中国式现代化运行的政治保障，是现代化持续稳定发展的必要条件。政治文明继物质文明、精神文明之后，被载入国家根本大法，是国家指导思想的丰富和发展，反映了我们党对执政规律、社会主义建设规律和人类社会发展规律认识的深化，意义深远。①在实现中国式现代化的新征程上，政治文明起着犹如人体"骨骼"一样重要的支撑保障作用。尤其当今世界正经历百年未有之大变局，各种风险挑战扑面而来，突如其来的"黑天鹅"事件令我们措手不及，发展过程中长期存在的"灰犀牛"事件需要从制度层面根治，所以在推进党和国家的各项建设事业中，我们必须积极推进政治文明建设，提高国家治理体系和治理能力现代化，为实现社会主义现代化强国的奋斗目标提供良好的政治文明环境，为中国式现代化提供政治制度保障。

政治文明是一个历史的范畴。自人类进入文明社会以来，政治文明经历了奴隶社会政治文明、封建社会政治文明、资本主义社会政治文明和社会主义社会政治文明几个阶段。② 中国特色社会主义政治文明是在中国共产党领导下，在探索人民当家作主的实践中，建立起四大基本政治制度：人民代表大会制度，中国共产党领导的多党合作和政治协商制度，民族区域自治制度，基层群众自治制度。中国拥有960多万平方公里土地、56个民族、14亿多人民，在如此广阔的范围内，如何能够保障全体人民当家作主？制度是定国安邦之本，"制度优势是一个国家最大的优势，制度竞争是国家间最根本的竞争"③。制度稳则国家稳，制度强则国家强。国家之间的竞争，归根到底是制度之争。坚持和完善

---

① 《蒋正华文集（议政卷）》，人民出版社2018年版，第269页。

② 《社会主义政治文明若干问题研究》，人民出版社2004年版，第612页。

③ 《习近平谈治国理政》第3卷，外文出版社2020年版，第119页。

中国共产党总揽全局、协调各方的领导制度体系，坚持和完善中国共产党领导的多党合作和政治协商制度，同时，坚持"一国两制"，保持香港、澳门长期繁荣稳定，促进国家和平统一，把中国共产党的领导落实到国家发展各领域、各方面、各环节。这些制度奠定了社会主义政治文明的政治基础，为党和国家长治久安、为实现中华民族伟大复兴奠定了更为完善的制度保证。

进入新时代，党中央以巨大政治勇气全面深化改革，在政治制度和国家治理体系的探索上下苦功，坚决破除各方面体制机制弊端，许多领域实现历史性变革、系统性重塑、整体性重构，政治文明建设跃上新台阶。坚持走中国特色社会主义政治发展道路，各方面制度更加成熟更加定型，国家治理体系和治理能力现代化明显提高。秉持"民心是最大的政治"的理念，充分发挥中国特色社会主义民主优势，全面发展全过程人民民主，社会主义民主政治制度化、规范化、程序化全面推进，社会主义协商民主广泛开展，真正实现了内容最广泛、最深层次、最丰富的人民当家做主。社会主义法治国家建设深入推进，全面依法治国总体格局基本形成，社会主义公平正义保障更为坚实，法治中国建设开创新局面。坚持和完善独立自主的和平外交政策，推动构建人类命运共同体。[1]实践证明，中国特色社会主义政治制度有巨大优势。

（三）精神文明是中国式现代化的精神支撑（心灵）

精神文明是人类创造的精神文化成果的总和，包括思想、道德、教育、科学文化等内容。中国式现代化传承发展中华优秀传

---

[1] 《中共中央关于坚持和完善中国特色社会主义制度推进国家治理体系和治理能力现代化若干重大问题的决定》，https://www.gov.cn/zhengce/2019-11/05/content_5449023.htm。

统文化，坚持马克思主义中国化时代化，秉持交流互鉴文明观，促进外来文化本土化，持续推进精神文明建设，构筑现代中国精神、中国价值、中国力量，实现精神文明现代化，为中国式现代化提供精神指引和价值支撑，不仅实现精神上的独立自主，而且在守正创新中，迈向人类精神文明新的高度。精神文明是中国式现代化的精神支撑，体现在以下方面：

从思想道德建设方面来看，一个国家昂扬前行，离不开强大的精神支撑；一个民族生生不息，离不开丰润的道德滋养。社会主义核心价值观是凝聚人心、汇聚民力的强大力量，是中华民族赖以维系的精神纽带，是当代中国精神的集中体现。精神文明建设，是"把社会主义核心价值观日常化、具体化、形象化、生活化，使每个人都能感知它、领悟它、内化为精神追求，外化为实际行动，做到明大德、守公德、严私德"①。因此，坚持以社会主义核心价值观为引领，推动形成适应新时代要求的思想观念、行为规范、精神面貌和文明风尚，促进人的全面发展和社会全面进步。

从文化教育发展来看，"文化自信"是中国式现代化更基本、更深层、更持久的力量。要支撑起一个强大的现代化国家，除了经济、制度、科技、教育等力量外，还需要先进的、强有力的文化力量，这是使全体人民紧紧团结在一起的精神之源。发展社会主义先进文化，坚持文化发展的"为人民服务、为社会主义服务"的"二为"方针，坚持"百花齐放、百家争鸣"的"双百方针"，坚持创造性转化和创新性发展的"双创"原则，不断丰富全体人民的精神生活，不断增强全体人民的精神力量。正如

---

① 习近平：《习近平关于社会主义精神文明建设论述摘编》，中央文献出版社2022年版，第109页。

习近平总书记指出："只有坚持从历史走向未来，从延续民族文化血脉中开拓前进，我们才能做好今天的事业。"[①]人民有信仰，民族有希望，国家有力量。透过中国工业化、城市化、市场化背后的奥秘，我们会发现究其根本是精神文明的巨大作用。精神文明建设带来的变化和成效，与人民群众追求美好生活的意愿要求"同频共振"，在提升人民的获得感、幸福感的同时，也凝聚起中华儿女万众一心的磅礴伟力，向着实现社会主义现代化强国的目标团结奋斗。

进入新时代，以习近平同志为核心的党中央始终把精神文明建设放在推动"四个全面"战略布局的重要位置，作出一系列重大决策部署，不断将精神文明建设推向更高水平。社会主义核心价值观广泛传播，中华优秀传统文化得到传承和弘扬，文化自信更加坚定。公共文化服务体系更加完善，文化事业与文化产业更加协调发展，人民群众多样化、多层次、多方面的精神文化需求正在逐步满足，国家文化软实力不断增强。网络生态持续向好，大力发展教育科学文化事业，努力促进人民群众思想文化素质提高和人民精神生活共同富裕。坚持爱国主义、集体主义、社会主义教育，引导人们树立正确的世界观、人生观、价值观；加强社会公德、职业道德、家庭美德、个人品德建设，持续提升公民文明素养[②]。一项项道德实践、一次次精神洗礼，让崇德向善、见贤思齐、德行天下的社会氛围愈加浓厚。在全社会进一步激发起崇尚模范、学习先进的价值追求，榜样的力量也正在转化为亿万

---

① 习近平：《在纪念孔子诞辰2565周年国际学术研讨会暨国际儒学联合会第五届会员大会开幕会上的讲话》，人民出版社2014年版，第14页。
② 《高举中国特色社会主义伟大旗帜 为全面建设社会主义现代化国家而团结奋斗——习近平同志代表第十九届中央委员会向大会作的报告摘登》，《人民日报》2022年10月17日。

群众的生动实践,青年一代更加积极向上,精神面貌更加奋发昂扬。①

(四)社会文明是中国式现代化的社会条件(精神)

社会文明是指人类社会的开化状态和进步程度,是社会发展进步的重要标志,代表着一个国家或地区的社会建设水平以及社会精神面貌,包括人民日益增长的美好生活需要的满足程度、公共服务体系的完善程度、社会公平正义的实现程度,社会治理、社会秩序、社会风尚的良好程度,人民的获得感、幸福感、安全感的提升程度等。党的十七大首次把社会建设作为重要方面进行了详细阐述,凸显了社会主义社会建设的重要性。

恩格斯在《家庭、私有制和国家的起源》一书中为我们描绘"社会文明"的图景:"管理上的民主、社会中的博爱,权利的平等,教育的普及,将揭开社会的下一个更高的阶段……"②表达了人类对于美好社会文明的期盼。中国式现代化道路上的社会文明建设,需要完善公共服务体系,不断满足人民日益增长的美好生活需要;推进社会公平正义和民生福祉达到新水平,形成有效的社会保障制度体系、良好的社会秩序,使人民的获得感、幸福感、安全感更加充实、更有保障、更可持续,为中国式现代化的运行凝聚力量。

社会文明是中国式现代化运行的必要条件,也是中国式现代化建设的内在要求和重要目标。首先,社会文明有利于培育积极向上的社会风貌。中国式现代化,把提高社会文明程度作为重要

---

① 《高举中国特色社会主义伟大旗帜 为全面建设社会主义现代化国家而团结奋斗——习近平同志代表第十九届中央委员会向大会作的报告摘登》,《人民日报》2022年10月17日。
② 《马克思恩格斯选集》第4卷,人民出版社,2012年版,第195页。

目标和重大任务，以保障和改善民生为重点，坚持服务为先，加强和创新社会治理，着力解决人民群众最关心最直接最现实的利益问题。人民日益增长的美好生活需要，对社会文明建设提出了更高的要求；其次，社会文明强调共建共治共享，有助于彰显社会主义文明的优越性；再次，加强社会文明建设，有助于在守正创新中解决中国式现代化中遇到的各种社会难题。

实践证明，中国共产党领导人民在百年伟大奋斗中创造了社会文明奇迹。"党和人民百年奋斗，书写了中华民族几千年历史上最恢弘的史诗。"[①]从1840年鸦片战争以后，国家蒙辱、人民蒙难、文明蒙尘，到无数仁人志士对国家制度和出路的探索。无论是洋务派的"中体西用"，还是维新派的"君主立宪"、抑或革命派的"民主共和"，都没能解决中国的前途命运问题。直到马克思主义传入中国，中国共产党担负起救亡图存的时代重任。经历了新民主主义革命时期，社会主义革命和建设时期，以毛泽东为代表的中国共产党人朝着"高度现代文化程度的伟大的国家"的目标而奋斗，直到改革开放和社会主义现代化建设新时期，以邓小平、江泽民、胡锦涛为代表的中国共产党人，加快推进社会文明建设，改善人民生活，取消农业税，不断推进学有所教、劳有所得、病有所医、老有所养、住有所居，促进社会和谐稳定，从而为社会文明的形成和发展奠定坚实基础。

党的十八大以来，党和国家深入贯彻以人民为中心的发展思想，在幼有所育、学有所教、劳有所得、病有所医、老有所养、住有所居、弱有所扶上持续用力，人民生活全方位改善。人均预期寿命增长到78.2岁。居民人均可支配收入从16500元增加到

[①] 《中共中央关于党的百年奋斗重大成就和历史经验的决议》，《人民日报》，2021年11月17日。

35100元。建成世界上规模最大的教育体系、社会保障体系、医疗卫生体系，教育普及水平实现历史性跨越，基本养老保险覆盖104000万人，基本医疗保险参保率稳定在95%。改造棚户区住房4200多万套，改造农村危房2400多万户，城乡居民住房条件明显改善。三次分配增进民生福祉，全民参与迈向共同富裕。[①]

（五）生态文明是中国式现代化的生态前提（容颜）

生态文明是继原始文明、农业文明、工业文明之后，工业文明发展到一定阶段的产物。作为人类文明的一种更高级的形态，生态文明是指人与自然之间关系的和谐发展状态和进步程度。具体而言，是指人们在利用和改造自然界的过程中，以高度发展的生产力作物质基础，以尊重和维护自然为前提，以遵循人与自然和谐发展规律为核心理念，以建立可持续生产方式和消费方式为内涵，在保护和建设美好生态环境中所取得的物质、精神、制度的积极成果，"它包括清洁、健康的环境和良性循环的生态系统，公平正义、良性运行、协调发展的社会机制和生态治理规范体系，尊重自然、顺应自然、保护自然、追求人与自然和谐共处的思想意识和文化伦理形态"[②]等。

生态兴则文明兴，生态衰则文明衰。党的二十大报告深刻指出，中国式现代化是人与自然和谐共生的现代化。生态文明是中国式现代化的生态前提，这就意味着必须始终处理好人与自然的关系，注重保护和修复生态环境，实现人与自然的和谐共生，厚植中华民族永续发展的生态根基。"党的十八大把生态文明建设

[①] 《高举中国特色社会主义伟大旗帜 为全面建设社会主义现代化国家而团结奋斗——习近平同志代表第十九届中央委员会向大会作的报告摘登》，《人民日报》2022年10月17日。

[②] 《中国特色社会主义生态文明建设研究》，人民出版社2022年版，第54页。

纳入中国特色社会主义事业五位一体总体布局，明确提出大力推进生态文明建设，努力建设美丽中国，实现中华民族永续发展。"①全面推进生态文明建设，建设美丽中国，打造中国式现代化强国的美丽"容颜"，这不仅是实现中国式现代化的生态前提，更成为中国人民心向往之的奋斗目标。我们要"像保护眼睛一样保护生态环境，像对待生命一样对待生态环境"②，打造天更蓝、山更绿、水更清的现代化美丽"容颜"。

那么，生态文明为什么如此重要？又何以成为中国式现代化实现的生态前提呢？

"生态文明是关系人民福祉、关系民族未来的大计。"③是人类社会发展和人的全面发展的必然要求。

从对西方现代化生态反思来看，中国式现代化生态文明的优越性在于打破了西方现代化漠视自然规律、肆意破坏自然的现代化模式。自工业革命以来，人类创造了史无前例的经济奇迹，积累了巨大的物质财富。但是正如恩格斯在《自然辩证法》中指出的那样，"我们不要过分陶醉于人类对自然界的胜利。对于每一次这样的胜利，自然界都会对我们进行报复"④。由于资本扩张和大工业时代的到来，很多国家忽视了不可逆转的环境损失，制造了全球最大的环境透支。"空气、水、土壤、蓝天等自然资源用之不觉、失之难续。……工业化创造了前所未有的物质财富，也产生了难以弥补的生态创伤。……我们不能吃祖宗饭、断子孙路，用破坏性方式搞发展。"⑤地球是人类唯一的家园，面对全球

---

① 习近平：《习近平关于全面建成小康社会论述摘编》，中央文献出版社2016年版，第163页。
② 《习近平谈治国理政》第2卷，外文出版社2017年版，第209页。
③ 习近平：《习近平关于全面建成小康社会论述摘编》，中央文献出版社2016年版，第171页。
④ 《马克思恩格斯选集》第3卷，人民出版社，2012年版，第998页。
⑤ 《习近平谈治国理政》第2卷，外文出版社2017年版，第544页。

共同的公域，没有任何一个国家可以独善其身。生态环境是人类生存和发展的根基，"我们应该遵循天人合一、道法自然的理念，寻求永续发展之路"①。

从新时代中国现实国情来看，中国特色社会主义进入新时代，中国社会的主要矛盾已转化为人民日益增长的美好生活需要和不平衡不充分的发展之间的矛盾。"美好生活需要"不仅包括对富足的物质生活的需要，而且包括对优良的生产、生活与生态环境的需要。中国式现代化是人口规模巨大的现代化，如何满足全体人民对美好生活的向往，打破生态资源的制约，就需要坚持"以人民为中心"的发展思想，转换发展方式，把生态文明建设放在中国式现代化的突出位置。

从发展理念和发展方式转变的维度看，中国共产党始终重视处理好经济发展与生态环境保护的关系，把环境保护写进宪法，颁布《中华人民共和国环境保护法》，使环境保护成为国家的基本国策和国家意志。党的十八大以来，以习近平同志为核心的党中央高度重视生态文明建设，将生态文明建设纳入"五位一体"总体布局，并始终摆在全局工作的突出位置，正式提出了"大力推进生态文明建设"。明确提出中国式现代化是人与自然和谐共生的现代化，要求以"人与自然和谐共生"的理念为基础，树立"绿水青山就是金山银山"的生态观念，坚持"创新、协调、绿色、开放、共享"的新发展理念，促进生产方式与生活方式的绿色化，确立了人与自然是生命共同体的哲学理念，在全社会逐步形成了尊重自然、顺应自然、保护自然的共识。树立绿色发展理念，构建生态文明体系，坚定不移走生态优先、绿色低碳发展之路，不仅提出了打赢污染防治攻坚战、蓝天碧水保卫战的阶段性

---

① 《习近平谈治国理政》第2卷，外文出版社2017年版，第544页。

目标，满足人民群众对美好生活的需要和向往，而且提出了建设美丽中国的社会主义现代化强国的奋斗目标，体现了党对发展理念和发展方式认识的深化，开辟了中国共产党发展观的新境界。2023年，在全国生态环境保护大会上，习近平总书记再次发出生态文明建设的动员令："要始终坚持用最严格制度最严密法治保护生态环境，保持常态化外部压力，同时要激发起全社会共同呵护生态环境的内生动力。"①同时，习近平总书记积极回应人类文明发展的生态转向，不仅提出通过走生态文明发展道路建设美丽中国的奋斗目标，而且提出携手应对全球气候变化等人类面临的共同问题、积极构建人类命运共同体、建设美丽和谐世界的奋斗目标。破解了发展与保护难题，为人类应对气候变化等全球性挑战提供了中国智慧和中国方案。

党的十八大以来，我国牢固树立绿水青山就是金山银山的理念，站在人与自然和谐共生的高度谋划发展，开展污染防治攻坚战，生态环境保护发生历史性、转折性、全局性变化，生态文明建设取得举世瞩目成就。"新时代十年，我国累计建设5万个以上具有地方特色的美丽乡村……我国累计完成造林10.2亿亩，森林覆盖率达到24.02%，人工林保存面积达到13.14亿亩，稳居世界第一。防沙治沙2.78亿亩，重点治理区实现从'沙进人退'到'绿进沙退'的历史性转变。新增和修复湿地1200多万亩。截至2022年底，全国地级及以上城市细颗粒物（PM2.5）年均浓度为29微克每立方米，空气质量优良天数比例达86.5%，重污染天数比例首次降到1%以内。2022年，地表水水质优良断面比例达87.9%，近岸海域水质优良比例达81.9%，江河湖泊面貌实现根

---

① 《习近平在全国生态环境保护大会上强调全面推进美丽中国建设 加快推进人与自然和谐共生的现代化》，《人民日报》2023年7月19日。

本性改善。"①"万物并育而不相害",从塞罕坝林场的"绿色地图"到"藏羚羊繁衍迁徙",从重庆筑牢长江上游生态屏障到生态经济成为重庆璧山区的主导经济……这一切都显示着中国式现代化的生态文明发展模式具有巨大优越性,为推进中国经济社会的可持续发展、不断满足人民日益增长的优美生态环境需要提供了重要保障。

"人不负青山,青山定不负人",生态治理"道阻且长,行则将至"。中国式现代化新征程上,要始终坚持以习近平生态文明思想为指引,以坚持绿色高质量发展为导向,运用系统观念统筹谋划全局,充分发挥人民群众的积极性和主动性,不断为中国式现代化强国建设再添美丽容颜。

二、关系与形成

2021年7月1日,习近平总书记在庆祝中国共产党成立100周年大会上的讲话中指出:"我们坚持和发展中国特色社会主义,推动物质文明、政治文明、精神文明、社会文明、生态文明协调发展,创造了中国式现代化新道路,创造了人类文明新形态。"②

(一) 人类文明是由"五大文明"共同构成的有机体

人类社会是一个由经济、政治、文化、社会、生态五大要素组成的严密有机整体。五大要素发展的进步状态和积极成果,形

---

① 中华人民共和国国家发展和改革委员会:《"数"说新时代十年我国生态文明建设主要成就》,https://www.ndrc.gov.cn/fggz/hjyzy/hjybh/202307/t20230724_135867-8_ext.html。
② 《习近平谈治国理政》第4卷,外文出版社2022年版,第10页。

成了物质文明、政治文明、精神文明、社会文明和生态文明五个文明。如前所述，物质文明是人们改造自然的物质成果，主要表现为生产力水平的提高、财富的积累和物质生活的改善，是人类社会存在和发展的基础，物质文明依靠经济建设；精神文明是人类创造的精神文化成果的总和，包括思想道德和教育科学文化等内容，精神文明依靠文化建设；政治文明是国家治理体系、治理能力的进步状态和政治发展取得的积极成果，包括国家的政治权力政治制度、政党组织、政治观念和政治行为等，政治文明依靠政治建设；社会文明是社会治理体系、治理能力的进步状态和民生改善的积极成果，包括人民日益增长的美好生活需要的满足程度，公共服务体系的完善程度，社会公平正义的实现程度，社会治理、社会秩序、社会风尚的良好程度，人民的获得感、幸福感、安全感的提升程度等，社会文明依靠社会建设；生态文明是人类为实现人与自然和谐共生，在保护和建设美好生态环境中所取得的物质、精神、制度的积极成果，包括清洁低碳、安全高效的能源体系，环境质量实现根本性好转，绿色发展生产方式，绿色发展生活方式，生态安全保障体系等，生态文明依靠生态文明建设。"五大文明"相辅相成、辩证统一，既相对独立又相互依存，既相互区别又相互渗透，从而共同构成人类文明的有机体。在人类文明的现代化中，物质文明是基础，为其他文明发展提供必备的物质技术条件；政治文明是保障，为其他文明发展提供领导力量以及制度保障；精神文明是灵魂，为其他文明发展提供精神纽带、道义力量和智力支持；社会文明是条件，为其他文明发展提供民生、社会秩序和社会组织支撑；生态文明是前提，为其他文明发展提供必不可少的生态基础，注入充满活力的生态特性。五大文明形成的内在张力和矛盾运动，推动着人类社会整体文明的进步。如果某个文明要素发展滞后,就会对其他文明要素产生制约,造成有机体的运行紊乱,影响整个社会的健康发展。

(二) "五大文明"协调发展是中国式现代化道路的鲜明特征

资本主义现代化道路,是以资本为主体,依靠资本驱动,凸显自由市场作用,服务于少数资本家利益的发展道路。从历史演进看,资本主义现代化是殖民主义、对外掠夺、霸权主义的现代化。从二元对应关系看,资本主义现代化是物的世界与人的世界对立、物质世界与精神世界分裂、生产与生态冲突的现代化。从民生发展看,资本主义现代化是社会贫富差距扩大、贫富分化加剧的现代化。

与资本主义现代化不同,物质文明、政治文明、精神文明、社会文明、生态文明的协调发展,构成了中国特色社会主义现代化道路的丰富内涵和鲜明特征。物质文明,高质量发展是中国特色社会主义现代化建设的首要任务。高质量发展以人民为中心,坚持和完善社会主义基本经济制度,推动有效市场和有为政府更好结合,把发展经济的着力点放在实体经济上,推进新型工业化,全面推进乡村振兴,推进城乡、区域协调发展,推进高水平对外开放,维护多元稳定的国际经济格局和经贸关系。政治文明,全过程人民民主是中国特色社会主义现代化建设的本质属性。全过程人民民主,要坚持中国特色社会主义,坚持人民主体地位,充分体现人民意志、保障人民权益、激发人民创造活力。依法治国、依法执政、依法行政,维护世界和平、促进共同发展,推动构建人类命运共同体。精神文明,社会主义核心价值观是中国特色社会主义现代化建设的精神引领。以社会主义核心价值引领社会主义文化建设，要植根于中华优秀传统文化，弘扬革命文化，满足人民日益增长的精神文化需求，不断提升国家文化软实力和中华文化影响力。社会文明，民生改善是中国特色社会主义现代化建设的内在要求和重要目标。要坚持社会公平正义，通过完善分配制度、实施就业优先战略、健全社会保障体系、推进健康中国建设，扎实推进共同富裕，促进人的全面发展和社会全面进步；生态文明，与自然和谐共生是中国特色社会主义现代化建设的必要前提。与自然和谐共生，要牢固树立和践行绿水青山就是金山银山的理念，构建节能型社会，加快生产方式的绿色转型，形成绿色发展生活方式，建立生态安全保障体系，推进美丽中国建设。"五大文明"一起抓，各自独立又相互联系，相辅相成、相互促进、形成合力，彰显了中国式现代化新道路的全面性，有利于推进社会有机体整体优化并不断向前发展。只有"五大文明"建设都搞好，国家物质力量和精神力量都增强，全国各族人民物质生活和精神生活都改善，中国式现代化新道路才能越走越远、越走越宽、顺利向前推进。"五大文明"的协调发展，形成了经济富强、政治民主、文化繁荣、社会公平、生态良好的发展格局，创造了中国式现代化道路和人类文明新形态。

（三）"五大文明"协调发展体现了中国式现代化新道路发展指向

"五大文明"协调发展指明了中国作为发展中国家走向现代化的科学方向。发展物质文明，指明了现代化建设经济发展的方向。发展物质文明，就是要坚持以高质量发展为主题、以供给侧结构性改革为主线、建设现代化经济体系、把握扩大内需战略基点，构建互利共赢、多元平衡、安全高效的开放型经济体系，在质量效益明显提升的基础上实现经济持续健康发展。发展政治文明，指明了现代化建设政治发展的方向。发展政治文明，就是要使中国特色社会主义政治制度深深扎根于中国社会土壤，坚持党的领导、人民当家作主、依法治国有机统一。在中国式现代化新道路中，以保证人民当家作主为根本，以增强党和国家活力、调动人民积极性为目标，积极发展全过程人民民主，全面推进社会主义民主政治制度化、规范化、程序化，更好发挥中国特色社会主义政治制度优越性。发展精神文明，指明了现代化建设文化发展的方向。发展精神文明，就是要坚持马克思主义在意识形态领域的指导地位，坚持以社会主义核心价值观引领文化建设，加强社会主义核心价值体系建设，注重用社会主义先进文化、革命文化、中华优秀传统文化培根铸魂，不断丰富人民精神文化生活，建设社会主义文化强国，更好构筑中国精神、中国价值、中国力量。发展社会文明，指明了现代化建设社会发展的方向。发展社会文明，就是要不断推进社会治理体系和治理能力现代化，以保障和改善民生为重点加强社会建设，推进社会公平正义和民生福祉达到新水平，给人民带来更多获得感、幸福感、安全感。发展生态文明，指明了现代化建设生态发展的方向。发展生态文明，就是要坚持"绿水青山就是金山银山"理念，加快生态文明体制改革，加快发展方式绿色转型。推动经济社会发展绿色化、低碳化。深入推进环境污染防治，坚持精准治污、科学治污、依法治污，持续深入打好蓝天、碧水、净土保卫战。提升生态系统多样性、稳定性、持续性。积极稳妥推进碳达峰碳中和。建设美丽中国。引导应对气候变化国际合作，成为全球生态文明建设的重要参与者、贡献者、引领者。

(四)"五大文明"协调发展是建设社会主义现代化强国的根本途径

21世纪中叶我国要建成社会主义现代化强国,必须持续不断推进"五大文明"协调发展。建设物质富裕的社会主义现代化强国,物质文明建设的根本路径是坚持中国特色社会主义基本经济制度,经济建设以科技创新为生产力发展的驱动力,全面推进新型工业化,高效推进城乡、区域协调发展,高效推进高水平对外开放与国民经济内循环的协调发展,高效推进乡村振兴,最终使得全体人民在经济建设中的物质财富有更多获得感、幸福感;建设政治民主的社会主义现代化强国,政治文明建设的根本路径是坚持中国特色社会主义政治制度,有机统一党的领导、人民当家作主与依法治国,全面推进全过程人民民主,国家治理充分体现人民意志和人民权益,使人民的主体性能够落实到国家政治生活和社会生活之中;建设文化繁荣的社会主义现代化强国,精神文明建设的根本路径是坚持中国特色社会主义文化制度,以马克思主义为意识形态的指导思想,以社会主义核心价值观引领社会主义先进文化建设,大力推动中华优秀传统文化创造性转化、创新性发展,构筑中国精神、中国价值、中国力量;建设社会和谐的社会主义现代化强国,社会文明建设的根本路径是坚持中国特色社会主义民生保障与社会治理制度,从"幼有所育、学有所教、劳有所得、病有所医、老有所养、住有所居、弱有所扶",逐步发展到"幼有善育、学有优教、劳有厚得、病有良医、老有颐养、住有宜居、弱有众扶",使人民获得感、幸福感、安全感更加充实、更有保障、更可持续,不断优化社会治理体系和治理能力,不断提高整个社会的文明程度,促进社会更加和谐有序;建设生态美丽的社会主义现代化强国，生态文明建设的根本路径是坚持中国特色社会主义生态环境保护制度，坚持"绿水青山就是金山银山"的理念，把生态文明建设融入经济建设、政治建设、文化建设和社会建设等各个领域，更加自觉地推进绿色发展、循环发展、低碳发展，坚持走生产发展、生活富裕、生态良好的文明发展道路。把"五大文明"建设统一到建设社会主义现代化国家的伟大实践中，体现在我国发展的方针政策、战略战术、政策举措、工作部署中，避免出现畸形发展的状况，确保整体推进、协调发展。

三、发展目标：全面提升

（一）新发展理念推动高质量发展（物质文明）

基本实现社会主义现代化、建成社会主义现代化强国，意味着物质文明全面提升。具体体现在以下两个方面：

第一，建成强大的现代化经济体系，从经济大国转变为经济强国。表现为：（1）实现新型工业化，建成世界强大的工业体系。工业增加值占GDP比重将大幅下降，但占世界工业增加值的比重将大幅提升。实现工业从速度型增长转变为高质量、高效益、高附加值的增长。建成世界级先进制造业集群，进入全球价值链高端，"中国制造"成为世界公认品牌。新产业、新业态、新商业模式的经济增长，成为重要经济支柱。制造业的发展更加突显劳动生产率的提高、产业内涵的不断丰富以及强大的产业国际竞争力。（2）实现农业现代化，建成现代农产品产业体系，包括粮食、棉花、油料、畜牧、水产、蔬菜、水果等各个产业，粮食安全获得全面保障。建成现代农业多功能产业体系，包括生态保护、休闲观光、文化传承、生物能源等密切相关的循环农业、特色产业、生物能源产业、乡村旅游业和农村二、三产业等。建成现代农业支撑产业体系，包括农业科技、社会化服务、农产品加工、市场流通、信息咨询等为农服务的相关产业，农业抗风险能力、国际竞争能力、可持续发展能力大幅提升。农村完成城镇化进程。（3）实现服务业现代化，服务业的发展更加突显知识密集型、信息密集型的特征。第三产业增加值占GDP的比重大幅提升，充分吸纳从第一产业、第二产业转移出的劳动力；实现三大产业的融合发展，第一产业与第二产业、第三产业实现高度融合发展，第二产业的发展能为第一产业提供高质量的现代化装备，第三产业的发展对第一产业的发展提供科技支撑、市场支撑和服务支撑。第二产业与第三产业实现高度融合发展，人工智能科技的发展为二者的融合发展提供坚实的技术支撑。生产性服务业与产业的全生命周期更加适配，生活性服务业与人的全生命周期更加适配。（4）实现基础设施现代化，建成世界一流的超大规模的能源基础设施、通信基础设施和交通基础设施。形成世界最大规模的城市群、中小城市和小城镇协调发展的城镇化大格局，城市品质明显提升，公共服务范围覆盖常住人口，公共安全范围覆盖报告国内外游客在内的实际人口。（5）建成世界最大的国内消费市场、最强大的国内投资市场、世界第一大政府消费国家，居民消费支出总额、居民消费占GDP比重达到世界先进水平。

第二，实现高水平科技自立自强，进入创新国家前列，实现从科技大国到科技强国的重大转变。表现为：（1）成为世界最大的研发投资国，研发支出占世界比重位居第一；（2）造就一大批具有国际水平的战略科技人才、科技领军人才、青年科技人才和高水平创新团队，形成世界最大的新兴研发产业；（3）关键核心技术实现重大突破，在主要战略新型科技领域走在世界前列，创造更多对世界科技发展和人类文明进步有重大影响的原创成果；（4）国家创新体系更加完备，建成一批世界一流的科研机构、研究型大学和创新型企业，成为世界最大规模的创新中心和研发基地；（5）攻克制约国防科技的主要瓶颈问题；（6）建成世界航天强国、网络强国、信息强国、知识产权强国。建成世界最大规模的数字经济和智能社会。建成世界最大的知识密集型产业，大幅提升专利密集型产业增加值占GDP的比重，专利密集型产业成为经济高质量发展的重要支撑。建成世界最大的国内技术市场，形成研发投入与技术市场产出经济效益的良性互动。成为世界最大的国际技术市场。[①]

（二）"中国之治"开创人类政治文明新境界（政治文明）

基本实现社会主义现代化、建成社会主义现代化强国，意味着国家治理体系和治理能力实现现代化，政治文明全面提升。具体体现在以下两个方面：

第一，中国特色社会主义制度的根本制度、基本制度、重要制度等制度体系更加健全和完善。表现在：（1）总揽全局、协调各方的党的领导制度体系：不忘初心、牢记使命的制度，维护党中央权威和集中统一领导的各项制度，党的全面领导、为人民执政、靠人民执政各项制度，党的执政能力和领导水平制度，全面从严治党制度；（2）人民当家作主制度体系：人民代表大会制

[①] 清华大学国情研究院：《"十四五"大战略与2035远景》，东方出版社2020年版，第283—297页。

度，中国共产党领导的多党合作和政治协商制度，爱国统一战线，民族区域自治制度，基层群众自治制度；（3）中国特色社会主义法治体系：保证宪法全面实施的体制机制，立法体制机制，社会公平正义法治保障制度，对法律实施的监督；（4）中国特色社会主义行政体制：国家行政体制，政府职责体系，政府组织结构，充分发挥中央和地方两个积极性体制机制；（5）社会主义基本经济制度：公有制、非公有制，按劳分配为主体、多种分配方式并存，社会主义市场经济体制，科技创新体制机制，更高水平开放型经济新体制；（6）社会主义先进文化制度：马克思主义在意识形态领域指导地位的根本制度，以社会主义核心价值观引领文化建设制度，人民文化权益保障制度，坚持正确导向的舆论引导工作机制，把社会效益放在首位、社会效益和经济效益相统一的文化创作生产体制机制；（7）统筹城乡的民生保障制度：有利于更充分更高质量就业的促进机制，服务全民终身学习的教育体系，覆盖全民的社会保障体系，提高人民健康水平的保障制度；（8）共建共治共享的社会治理制度：正确处理新形势下人民内部矛盾有效机制，社会治安防控体系，公共安全体制机制，基层社会治理新格局，国家安全体系；（9）生态文明制度体系：最严格的生态环境保护制度，资源高效利用制度，生态保护和修复制度，生态环境保护责任制度；（10）党对人民军队的绝对领导制度：人民军队最高领导权和指挥权属于党中央，人民军队党的建设制度体系，把党对人民军队的绝对领导贯彻到军队建设各领域全过程；（11）"一国两制"制度体系：全面准确贯彻"一国两制"、"港人治港"、"澳人治澳"、高度自治的方针，中央依照宪法和基本法对特别行政区行使全面管治权的制度，推进祖国和平统一进程；（12）独立自主的和平外交政策：党对外事工作领导体制机制，全方位外交布局，合作共赢的开放体系建设，积极参与全球治理体系改革和建设；（13）党和国家监督体系：党和国家监督制度，权力配置和运行制约机制，一体推进不敢腐、不能腐、不想腐体制机制。

第二，中国特色社会主义国家治理能力获得全面提升。表现为：（1）党的执政能力；（2）人民依法通过各种途径和形式管理国家事务、管理经济文化事业、管理社会事务能力；（3）依法治国、依法执政能力；（4）行政效能；（5）社会主义市场经济能力；（6）社会主义精神文明能力；（7）人民获得感、幸福感、安全感能力；（8）保持社会稳定、维护国家安全能力；（9）人与自然和谐共生能力；（10）国防能力；（11）祖国统一大业能力；（12）外交能力；（13）对权力运行的制约和监督能力。[①]

（三）"站在时代前沿，引领风气之先"（精神文明）

"只有站在时代前沿，引领风气之先，精神文明建设才能发挥更大威力。"[②] 基本实现社会主义现代化、建成社会主义现代化强国，意味着精神文明的全面提升。具体体现在以下七个方面：

一是全社会建立起道路自信、理论自信、制度自信、文化自信，全体人民在思想上精神上紧紧团结在一起。二是全社会的社会公德、职业道德、家庭美德、个人品德的道德水平明显提高，全社会互帮互助、诚实守信，全体人民平等互爱、融洽相处，公

[①] 《中共中央关于坚持和完善中国特色社会主义制度 推进国家治理体系和治理能力现代化若干重大问题的决定》，https://www.gov.cn/zhengce/2019-11/05/content_5449023.htm。

[②] 中共中央党史和文献研究院编：《习近平关于社会主义精神文明建设论述摘编》，中央文献出版社2022年版，第6页。

民将爱国作为自己最基本的责任和义务，将敬业作为自己最基本的职业操守，将诚信作为自己最基本的道德底线，将友善作为自己最基本的人际关系准则。三是形成崇尚科学、鼓励创新、反对迷信和伪科学的良好社会氛围，形成有利于创新创造的文化发展环境，互联网等新兴媒体真正成为社会主义先进文化新阵地、公共文化服务新平台、人们精神文化生活新空间。四是社会各方面的利益关系得到妥善协调，人民内部矛盾和其他社会矛盾得到正确处理，社会公平正义得到切实维护和实现，切实坚持法律面前人人平等，遵法守法成为一种良好的社会风气和自觉的行为习惯，人民群众在法治社会中享受到公平正义。五是一切有利于社会进步的创造愿望得到尊重，创造活动得到支持，创造才能得到发挥，创造成果得到肯定。六是尊重、追求、保护自由，让每个人实现自由全面的发展。尊重和保障人权，通过平等的社会机制和价值引导，保障每个人机会平等、权利平等、结果平等。实现权利公平、机会公平、规则公平，人民群众公平地共享改革发展的成果。七是国家文化软实力显著增强，包括：（1）以中华优秀传统文化为核心的文化原生力；（2）以图书馆数、博物馆数、科技馆数、影剧院数、体育场馆数、高等院校数、科研机构数等为要素的文化基础力；（3）以文化发展的法治环境、文化发展的体制机制、知识产权保护程度等为要素的文化保障力；（4）以人才素质、人才数量、教育投入量、研发投入量、发表的科研论文数、居民申请专利数等为要素的文化研创力；（5）以文化产业总产值、文化从业人数、居民文化消费总值等为要素的文化生产和消费力；（6）以电影、电视、戏曲、图书、报纸、杂志、版权等核心文化产品对外贸易状况为要素的文化产品竞争力；（7）以文化品牌数、文化产业增加值占 GDP 的比重、跨国公司总部数等为要素的文化产业竞争力；（8）以文化在国际上的知晓程度、世界友好国家、国际组织落户数等为要素的文化传播力；（9）以价值取向、民族精神、志愿者精神、慈善精神等要素的价值观认同；（10）以外国人占总人口的比重、境外来的游客数、外来语言数（或者是本地语言的普及化程度）等为要素的文化包容性；（11）以传统文化的保护程度、传统文化的消费状况、历史遗迹的保护状况、传统文化资源的数量、居民生活质量（国家人文指数、幸福指数）等为要素的文化品位。

（四）以人为本共创共享高品质生活（社会文明）

基本实现社会主义现代化、建成社会主义现代化强国，意味着全体人民共同富裕取得实质性进展，人民的生活更加幸福美好，社会文明全面提升。具体体现在以下七个方面：

一是人民生活质量显著改善。全国居民收入来源更加多元化，除了工资性收入为主外，经营性净收入、财产净收入、转移净收比重不断增加；高中收入人群比例不断提高，居民家庭服务性消费比重超过商品消费，城乡居民住房水平超过中等发达国家，中国成为世界最大的高收入社会，世界最大的富足型社会。城镇居民家庭实际生活水平和质量达到发达国家水平，农村居民家庭实际生活水平和质量达到中等发达国家水平，农村人居环境显著改善；二是实现高质量充分就业。城镇调查失业率、城镇登记失业率控制在合理范围之内，就业者不断提高劳动生产率的同时同步提高劳动报酬水平，就业公平，劳动者的尊严得到保障，劳动者的合法权益得到很好保护，外地务工人员享有同等就业服务和权益，工作环境、劳动标准和条件得到充分改善，形成健全和完善的劳动者自主就业、市场调节就业、政府促进就业和鼓励创业就业的就业机制，劳动者安全和身心健康得到很好保障；三是城乡居民生活水平差距显著缩小。农村居民收入、消费快速增长，城乡居民人均收入、人均消费支出差距明显缩小，城乡居民家庭恩格尔系数同步下降，农村基础设施和公共服务水平显著提升；四是基本公共服务实现均等化。建成全民覆盖、更加均衡、更高质量、更加便捷、更可持续的国家公共服务系统，多层次社会保障体系实现全人口覆盖，实现养老金全国统筹，基本养老保险、基本医疗保险参保率全覆盖，建成世界最大规模的老龄健康友好型社会，健全以扶老、助残、爱幼、济困为重点的社会福利制度，全面实现"幼有善育、学有优教、劳有厚得、病有良医、老有颐养、住有宜居、弱有众扶"的美好愿景，人民获得感、幸福感、安全感更加充实、更有保障、更可持续；五是全面建成教育强国。实现15年义务教育（学前3年和12年初等中等教育），高等教育毛入学率、劳动年龄人口平均受教育年限、新增劳动力平均受教育年限、全社会教育总经费与GDP之比、财政性教育经费与GDP之比等大幅提升，高等教育的一批大学和学科进入世界一流行列或前列，国民受教育水平达到世界先进水平；六是全面建成健康中国。人均健康预期寿命达到世界先进水平，卫生总经费与GDP之比持续提高，健康服务业总规模成为国民经济支柱性产业，形成有利于健康的生产生活环境，全民健康意识、健康素养大幅提升，全体人民身体素质大幅增强；七是全体人民共同富裕取得实质性进展。城乡、地区和居民在收入上的差距明显缩小，城乡、地区和居民在消费、居住、就业、教育、健康、文化、基本公共服务水平、社会保障等的发展差距显著缩小，全体人民都能够过上更加富裕、更高质量、更有保障的生活。①

（五）从绿水青山中看美丽中国（生态文明）

基本实现社会主义现代化、建成社会主义现代化强国，意味着人与自然和谐共生，生态文明全面提升。具体体现在以下几个方面：

一是建成清洁低碳、安全高效能源体系。能源消耗总量得到有效控制，总体能源自给率基本能够保障我国能源安全，能源利用效率达到世界先进水平，建成节能社会，煤炭消费占总能源消费比重大幅下降，清洁能源消费占总能源消费比重大幅上升，实现能源消费结构绿色化；二是环境质量实现根本好转。实现"双碳"（碳达峰碳中和）目标，空气质量、地表水环境质量、管辖海域海水水质、土壤环境风险、自然生态状况、城市声环境质量、核与辐射安全态势、环境安全形势等环境保护指标达到中等发达国家水平；三是形成绿色发展生产方式。绿色低碳产业快速发展，绿色农业、林业、草业、绿色制造业、绿色能源与节能产业、绿色矿业、绿色交通业、环保产业、循环经济等绿色经济产业成为国民经济支柱性产业，形成一大批具有绿色创新能力和国际竞争力的大型企业集团，实现经济与产业、行业与企业、技术与产品绿色转型，创造世界最大规模的绿色就业；四是形成绿色发展生活方式。形成绿色消费、绿色饮食、绿色出行、绿色居住、绿色办公、垃圾分类与无害化处理等绿色生活方式，绿色生活成为人们生活习惯，建成绿色发展体制机制；五是生态文明建设取得明显成效。筑牢事关国家粮食安全的耕地红线，实现草业

---

① 清华大学国情研究院：《"十四五"大战略与2035远景》，东方出版社2020年版，第298—310页。

生态功能和经济功能良性循环，实现主要水体区域的生态可持续发展，建成世界最大的节水型社会，实现水利现代化、工农业用水及生活用水高效化、集约化和无害化，建成世界最大的绿色林业产业，林业发展的生态功能和经济功能实现良性发展机制，生物多样性下降趋势得到根本控制，国家重点保护野生动植物种群数量总体保持稳定，外来物种入侵得到严格控制，生态系统稳定性明显增强，生态文明建设政策法律法规进一步健全，生态环境管理系统更加完善；六是生态安全保障体系更加完善。明确开发区生态红线、重要生态功能区生态红线和生态环境敏感区、脆弱区生态红线等自然功能保障基线，明确环境质量达标红线、污染物排放总量控制红线和环境风险管理红线等环境质量安全底线，明确保障对能源、水、土地等资源的利用不应突破的最高限值，形成"两横三纵"（以陆桥通道、沿长江通道为两条横轴，以沿海、京哈京广、包昆通道为三条纵轴）为主体城市化战略格局，形成"两屏三带"（青藏高原生态屏障、黄土高原—川滇生态屏障和东北森林带、北方防沙带、南方丘陵山地带）为主体的生态安全战略格局，形成海洋主体功能区战略格局，海洋资源开发、海洋经济发展和海洋环境保护取得明显成效；七是建成气候适应型、防灾减灾型社会。[①]

---

① 清华大学国情研究院：《"十四五"大战略与2035远景》，东方出版社2020年版，第311—320页。

第五章

创造人类文明新形态

纵观人类文明发展的历史，古典文明与现代文明、西方文明与中华文明、资本主义文明与社会主义文明在历史长河中不断演进，不同历史时期、不同地域特色、不同意识形态和社会制度下的文明相互碰撞、对抗、并走向交流、互鉴，预示了新的人类文明形态的诞生。习近平总书记指出："我们坚持和发展中国特色社会主义，推动物质文明、政治文明、精神文明、社会文明、生态文明协调发展，创造了中国式现代化新道路，创造了人类文明新形态。"①一百多年来，中国共产党始终团结带领中国人民，不忘初心、牢记使命，历经新民主主义革命时期、社会主义革命和建设时期、改革开放和社会主义现代化建设新时期、中国特色社会主义新时代，在波澜壮阔的历史进程中，奏响了民族复兴和创造文明新形态的交响曲，成功走出了中国式现代化道路，创造了人类文明新形态。这不仅在中华人民共和国历史上、在世界社会主义发展史上，而且在人类文明发展史上，都具有重要的理论和实践意义，深刻影响了世界历史的发展进程。

一、相伴而生——现代化与文明新形态

　　在传统向现代的转型过程中，中国式现代化和人类文明新形态如影随形、相伴而生。文明作为人类社会创造的先进成果，具有鲜明的实践性特征。恩格斯认为，"文明是实践的事情，是社会的素质"②。不同于唯心主义的文明观，把精神特质、宗教观念作为文明发展的动力，唯物主义文明观认为实践是文明发展的

---

① 《习近平谈治国理政》第4卷，外文出版社2022年版，第10页。
② 《马克思恩格斯全集》第3卷，人民出版社2002年版，第536页。

根本动力,任何一种文明都是人类社会实践活动的产物,并且随着人类实践能力的提升而不断进步。工业革命以来,人类对自然界的改造能力大大增强,一次又一次快速更迭的科技革命带来了生产力的巨大提升,文明时代的人类社会进入高速发展的现代化时期,工业化、城镇化、理性主义等现代化的特征逐渐成为文明的常见样态。在现代化高歌猛进的发展过程中,资本主义一开始作为现代化的推动力量登上历史舞台,资本按照等价交换的价值规律运行,把人们从封建等级特权的束缚中解放出来,使得每个人成为独立的个体参与到市场经济的运行之中,塑造了个人主义、理性的经济人等文明理念。资本主义在短短的数百年时间创造的物质财富就超过了以往所有人类社会物质财富的总和,创造了资本主义文明形态。和封建社会相比,人们参与社会活动明显增多,民主政治取得了较大的进步,产生了诸多丰富的精神文化成果。新航路的开辟和交通技术以及工具的革新,让整个世界的联系变得更加紧密,这些都为人类文明的进一步发展奠定了良好的基础。但是,由于资本主义基本矛盾——资本主义私有制和生产社会化——不可调和,周期性的经济危机频发,资本逐利的本性不断扩大对自然界的征服和掠夺,人与自然的关系遭到严重破坏,带来了日益严重的环境污染和生态危机,贫富两极分化严重,人与人的关系不断恶化,阶级矛盾越来越尖锐。资本主义文明形态表面的物质丰盛遮蔽了资本对人的异化,人们的精神生活呈现出虚无主义、极端利己主义、拜金主义等问题。资本主义文明表面上宣扬的"自由、平等、民主"掩盖了事实上的"不自由、不平等、不民主",资本主义国家为了获得一己私利不惜殖民掠夺其他国家和人民,通过发动战争来实现更大的资本增殖,给世界的和平和发展带来了重大的隐患。时间越长,西方国家通过资本主义走向现代化的道路就暴露出来越多的问题，而这些问题都无法在资本主义自身的框架内得到克服。人类社会究竟如何走向现代化，成为摆在每一个渴望发展的国家面前最艰难的一道考题。

面对西方现代化的困境，马克思和恩格斯在深刻揭示资本运行规律的基础上，形成科学社会主义理论，提出了马克思主义文明观，在继承资本主义文明形态有益成果的基础上，为人类社会驾驭并克服资本的弊端、实现每个人自由而全面的发展提供了行动上的科学指南。十月革命一声炮响，把社会主义从理论变成现实，世界上第一个社会主义国家成立，苏联创造的社会主义现代化曾一度为发展中国家带来了希望。借助社会主义公有制和强有力的国家管理的优势，苏联在短短数十年间发展成为可以和资本主义强国相抗衡的超级大国，大大改善了人民的生活水平，取得了人类文明发展的辉煌成就，把社会主义文明形态从理论变成现实。就像所有的新生事物一样，由于缺乏建设经验，再加上外部敌对势力"和平演变"战略的影响，苏联模式的社会主义现代化道路陷入封闭僵化的怪圈，最终走向了解体的历史悲剧。但是苏联模式的失败不等于社会主义现代化道路的失败，相反，苏联社会主义文明的发展为人类文明提供了新的可能性愿景。以公有制为基础的社会主义文明在诸多方面都超越了追求剩余价值最大化的资本主义文明，符合人类历史发展规律，能够满足人类大多数人乃至人类整体的利益诉求，代表了人类文明发展的未来和方向。在新的历史条件下，中国共产党领导中国人民创造了中国式现代化道路，把社会主义文明形态推向了新的发展阶段，既吸收了西方式现代化的先进经验，又克服了资本主导的现代化带来的种种问题，充分借鉴了苏联社会主义现代化成败的经验和教训，成为人类文明新形态的实践载体。中国式现代化打破了"现代化=西方化"的神话,走出了一条中国特色社会主义道路,创造了不同于西方资本主义文明的人类文明新形态。可以说,人类文明新形态是中国式现代化的必然结果。

(一) 现代化是文明新形态的生成载体

中华民族有着悠久的历史和璀璨的文明,曾经一度成为世界上的经济政治强国。近代以来,鸦片战争打开了中国的国门,在西方列强的坚船利炮之下,中国被迫成为半殖民地半封建社会,开启了近百年屈辱的历史。现代化在中国的出场,一开始就是强势的西方文明以殖民者的姿态试图把中国变成自己的附庸。中华文明,在一次又一次战败、割地、赔款的屈辱中看到自己进行现代化转型的迫切性。但是对于延续了数千年的传统文明来说,一直处于安逸的小农经济的摇篮中,突然面临机器大生产带来的工业文明的巨大冲击,重义轻利的价值观受到资本逻辑的严重挑战……中国未来将何去何从,成为每一个负责任、有良知的中国人都在努力探索的重大问题。中国在生产力和生产关系较为落后的条件下,不断追求实现现代化的历史进程,就是创造文明新形态的实践展开。可以毫不夸张地说,中国追求实现现代化的历史,构成了社会主义文明形态在中国的生成史。

中国实现现代化是在民族复兴的宏观叙事和"天下兴亡、匹夫有责"的微观叙事双重逻辑中向前推进的。从太平天国运动到洋务运动,从戊戌变法到义和团运动,再到辛亥革命,由于指导思想、革命方案以及依靠力量等各方面的错误,一系列革命运动都以失败而告终,拯救民族危亡的重担历史性地落在了无产阶级肩上。十月革命给中国送来了马克思列宁主义,为中国革命带来了真理的曙光。在马克思列宁主义的指导下，1921年，中国共产党成立，始终代表最广大人民的根本利益，成为实现中华民族伟大复兴的主心骨。中国共产党登上政治舞台以来，坚持把马克思主义普遍真理和中国具体革命实际相结合，不断推进马克思主义中国化，用中国革命的理论指导中国革命的实践，找到了一条"农村包围城市、武装夺取政权"的正确道路，经过了艰苦卓绝的斗争，在人民群众的支持下，取得了新民主主义革命的胜利，彻底改变了中华民族的前途和命运，中国历史的面貌从此焕然一新。1949年，中华人民共和国成立，中国人民从此站起来了，从此不再饱受欺凌和任人宰割，开辟了中国历史的新纪元，为实现中华民族伟大复兴提供了根本社会条件，为社会主义文明形态的形成奠定了重要基础。在社会主义革命和建设时期，中国共产党带领中国人民，用了短短数十年的时间，建立了社会主义基本制度，完成了社会主义革命，彻底消灭了在中国存在几千年的封建剥削制度，战胜了帝国主义和霸权主义的破坏，在一穷二白的基础上发展农业和工业现代化，为实现中华民族伟大复兴奠定了根本政治前提和制度基础，为社会主义文明形态的发展提供了重要保障。总之，从新民主主义革命的胜利到社会主义革命的胜利，为中国实现现代化创造了稳定的政治和社会条件，确立了人民民主专政的国体、人民代表大会制度的政体以及其他各项基本政治制度，基本奠定了社会主义文明形态的政治底色。

在改革开放和社会主义现代化建设新时期，邓小平同志结合中国发展的实际情况，提出"现在搞建设，也要适合中国情况，走出一条中国式的现代化道路"[①]。由于长时期受到帝国主义、封建主义和官僚资本主义的压迫，新中国的底子比较薄，在世界

---

① 《改革开放三十年重要文献选编》（上），中央文献出版社2008年版，第32页。

上属于贫穷落后的发展中国家。要在这样一个落后的国家实现现代化，难度是可想而知的。一方面，虽然新中国成立以后，我国的经济建设取得了很大的成绩，建立了比较完整的工业体系，但是我国的科学技术力量还有很大的不足，从总体水平来看，跟世界先进国家相比仍有较大差距。另一方面，虽然我国自然资源丰富，地大物博，但是我国人口多，自然资源的平均占有率低，特别是耕地少，成为制约我国现代化发展的重要因素。面对这样的基本国情，中国共产党运用马克思主义的立场观点和方法，不断结合社会实践推进理论创新，形成了邓小平理论、"三个代表"重要思想、科学发展观的指导思想，不断根据变化了的时代条件，运用新的理论指导新的社会实践，取得了一系列举世瞩目的历史成就。在这一历史时期，中国没有照搬照抄僵化的苏联模式，而是独立自主探索出一条适合中国国情的中国特色社会主义道路，形成了中国特色社会主义文明。站在人民的立场上，党团结带领中国人民锐意进取，做出了改革开放的伟大决定，确立了"一个中心两个基本点"的基本路线，完成了从计划经济体制到社会主义市场经济体制的转型，战胜了来自各方面的风险挑战。在科学理论的指引下，中国实现了经济建设的大踏步跨越，从贫穷落后的发展中国家一跃成为世界第二大经济体，生产力水平和人民生活水平得到了大大的提升，为完善社会主义文明形态的创造提供了新的体制保障和充分的物质条件。

进入新时代以来，中国式现代化进入新的历史阶段，社会主义文明形态也更加成熟和完善。中国共产党带领中国人民守正创新，在坚持和加强党的全面领导的基础上，统筹推进"五位一体"总体布局和协调推进"四个全面"战略布局，不断完善中国特色社会主义制度，坚持了五大文明协调发展，在植根中华文明的基础上，不断吸收借鉴其他文明的有益成果，在文明对话和交流中取长补短，克服了资本逻辑主宰下重视物质文明而轻视精神文明的扭曲发展，强调全面协调可持续的文明发展。中国式现代化坚持"两手抓，两手都要硬"，统筹物质文明和精神文明协调发展，既要实现人民群众物质富足，也要实现人民群众精神富有。人类社会发展到今天，单纯强调物质文明或者精神文明，都已经无法适应现代社会的需求。除了物质文明和精神文明以外，人们对于政治文明、社会文明和生态文明的要求也越来越高。从整体来看，人类文明是由物质文明、精神文明、政治文明、社会文明、生态文明五大文明共同构成的有机体。五大文明协调发展既是中国式现代化道路的鲜明特征，也体现了中国式现代化道路的发展方向，是实现社会主义现代化的根本途径。

文明新形态是五个文明协调发展的社会实践成果，五个文明紧密联系，相互协调，缺一不可。中国式现代化创造的人类文明新形态，是在实践中不断丰富发展的文明形态。具体来说，在物质文明方面，坚持以经济建设为中心，大力发展生产力，创造了经济快速发展和社会长期稳定的历史奇迹，实现了社会主义物质文明的高速增长。在政治文明方面，坚持以人民为中心的发展思想，坚持人民的主体地位，发展全过程人民民主，不断探索社会主义民主新形式，为社会主义政治文明提供了实践的范例。在精神文明方面，坚持马克思主义的指导地位，大力弘扬社会主义核心价值观和社会主义核心价值体系，不断提升全民族的思想道德素质、科学文化素质和身体心理素质等，为社会主义精神文明的提升创造了良好的社会条件。在社会文明方面，切实改善民生，推动城乡一体化建设，重点解决教育、就业、医疗等人民群众急难愁盼的问题，不断增强人民群众的安全感、获得感和幸福感。

在生态文明方面，坚持人与自然和谐共生，坚持"绿水青山就是金山银山"，贯彻落实节约资源和保护环境的基本国策，坚持走生产发展、生活富裕、生态良好的发展道路。总的来说，物质文明是肌体，精神文明是心灵，政治文明是骨骼，社会文明是精神，生态文明是容颜。随着中国式现代化"五位一体"总体布局的全面展开，在推进和拓展中国式现代化的过程中，人类文明新形态将会不断得到丰富和发展。

（二）文明新形态是现代化的必然结果

中华民族有着5000多年悠久的文明历史，中国式现代化植根于中华文明，以科学社会主义为指导，推动中华文明的创造性转化和创新性发展，使得中华文明获得新的时代内涵。中国式现代化把坚持和发展马克思主义同中国具体实践相结合，同中华优秀传统文化相结合，科学地回答了在社会主义初级阶段这个最大的国情基础上，建设什么样的社会主义现代化国家，以及如何建设社会主义现代化国家的重大时代之问，使得社会主义文明形态在新的时代条件下展现出更大的生机和活力。

中国式现代化蕴含的文明观，反对单一文明优越论，提出文明是平等的、多样的，倡导文明交流互鉴。西方中心主义者认为，只有西方式的现代化，才是唯一的现代化。所有国家都应该按照西方式的现代化标准来进行现代化建设。深究其背后的思维模式，与西方文明中心论者一样，都是狭隘的自我主义。现代化作为人类文明史上的深刻变革，并不存在放之四海而皆准的统一模式，而应该根据各国的历史文化传统发展适合本国国情的现代化。我国14亿多的人口规模超过了现有发达国家的总和，这么多人共同建设并且共享现代化的文明成果，在人类历史上是史无前例的，没有任何现成的经验可以照搬照抄。中国式现代化坚持马克思主义的指导地位，一切从实际出发，解放思想，实事求是，与时俱进，求真务实，立足于解决社会主义现代化建设中的实际问题，中国式现代化创造的文明新形态必然不同于西方现代化创造的资本主义文明形态，具有鲜明的中国特色。

习近平总书记根据我国现代化建设的实际情况，对中国式现代化进行了高度概括。他指出，我国现代化是人口规模巨大的现代化，是全体人民共同富裕的现代化，是物质文明和精神文明相协调的现代化，是人与自然和谐共生的现代化，是走和平发展道路的现代化。从社会性质上来说，中国式现代化是社会主义的现代化，以实现全体人民共同富裕为目标，避免贫富差距过大出现两极分化。这是中国特色社会主义的本质要求。中国式现代化坚持以人民为中心的发展思想，不断解决地区差距、城乡差距、收入分配差距等，促进社会公平正义。习近平总书记在中央财经委员会第十次会议上，描绘了我国实现共同富裕的时间表和路线图。"到'十四五'末，全体人民共同富裕迈出坚实步伐，居民收入和实际消费水平差距逐步缩小。到2035年，全体人民共同富裕取得更为明显的实质性进展，基本公共服务实现均等化。到本世纪中叶，全体人民共同富裕基本实现，居民收入和实际消费水平差距缩小到合理区间。"[1]需要注意的是，中国式现代化的共同富裕，不是单纯满足物质欲求的共同富裕，而是物质生活和精神生活相协调的共同富裕，在大力发展经济的同时，坚持社会主义核心价值观，加强理想信念教育，弘扬中华优秀传统文化，增强人民精神力量，为实现人的自由全面发展创造了良好的社会条件。中国式现代化创造的人类文明新形态，是社会主义的文明新

---

[1] 《习近平谈治国理政》第4卷，外文出版社2022年版，第142页。

形态，坚持人民至上的价值理念，以人民的逻辑对抗资本的逻辑，超越了"资本中心论""西方中心论""文明冲突论"等片面的资本主义文明形态，有效地避免了资本主义社会因资本追求无限增殖的本性而引发的两极分化、民主倒退、政治失灵、精神虚无、社会撕裂等现代性危机，实现了人类文明史上前所未有的历史性变革，为人类文明发展提供了不同于资本主义文明的全新选择。

人类文明新形态是中国式现代化的必然结果。中国式现代化"五位一体"的布局决定了五位一体的人类文明新形态是全面系统的文明形态，具有结构的整体性和系统性。在人类文明新形态的五位一体有机结构中，物质文明以高质量发展为标识，坚持以经济建设为中心与以人民为中心相统一，以人民逻辑抵制资本逻辑的绝对宰制；精神文明以社会主义核心价值观为标识，实现了物质文明与精神文明的协调发展，实现了人民精神生活的富足，避免了资本逻辑统治下"异化""物化""单向度的人"等精神危机，营造了崇德向善、文明和谐的社会文化环境；政治文明以发展全过程人民民主为标识，把人民当家作主体现在具体的政治制度和政治过程之中，实现了社会主义民主理论和实践的重大创新；社会文明以和谐为内在追求，通过多元主体共建共治共享，保障和改善民生，推动基本公共服务等民生建设均等化发展；生态文明以开放、公平、共享、发展为主要特征，以人与自然的和谐发展克服了资本文明中不可避免的生态危机。五大文明办调发展实现了中华文明的现代转型，彰显了马克思主义文明理论的时代意义，激活了马克思主义文明观的真理力量。

二、"三个超越"

习近平总书记指出："我们要树立平等、互鉴、对话、包容的文明观，以文明交流超越文明隔阂，以文明互鉴超越文明冲突，以文明共存超越文明优越。"[1]在人类文明的百花园中，人类文明新形态秉持平等包容的文明观，反对不同文明封闭隔阂、缺乏交流的文明观，反对认为不同文明必然会冲突的文明冲突论，反对认为某一种文明优于其他文明的文明优越论，尊重人类文明的多样性，坚持在互利共赢基础上，以文明交流超越文明隔阂，以文明互鉴超越文明冲突，以文明共存超越文明优越。不同于西方文明中心论的文明观，中国式现代化创造的人类文明新形态，秉持的是平等、互鉴、对话、包容的文明观，倡导"各美其美，美人之美，美美与共，天下大同"的文明理念，不断推动文明交流互鉴深入发展。

（一）以文明交流超越文明隔阂

在数千年来的人类文明发展史中，存在着不同的文明，每一种文明都有其与众不同的内涵和特征，在世界文明的花园绽放出独一无二的光彩。文明之间的差异性和独特性是文明交流的前置条件，正是因为不同文明存在自身的特质，才需要进行交流，增强对其他文明的理解，避免因为误解或者偏见而带来文明的冲突甚至文明之间的战争。根据不同文明的特质，学者们从不同的角度对文明进行了分类，构成了文明交流的基本前提。著名历史学家汤因比把人类文明划分为基督教文明、东正教文明、伊斯兰文

---

[1] 《习近平谈治国理政》第3卷，外文出版社2020年版，第441页。

明、印度文明和远东文明，中华文明属于远东文明的范畴。亨廷顿则把中华文明和日本文明单独拿出来，他认为，当代世界的主要文明包括中华文明、日本文明、印度文明、伊斯兰文明、西方文明、拉丁美洲文明和非洲文明。[1]雅思贝尔斯把公元前500年左右的轴心时代作为文明划分的核心标志，在这个时期，中国出现了孔子、老子和墨子，印度出现了《奥义书》和佛陀，希腊出现了巴门尼德、赫拉克利特和柏拉图，巴勒斯坦出现了很多犹太先知。虽然这些学者对文明的分类有所不同，但是大体上都承认西方文明、中华文明、印度文明、伊斯兰文明等典型的文明，承认这些文明从内容到形式都存在自身的独特性。在漫长的人类历史发展中，这些文明在各自的地域独立地发展和成熟，形成各具特色的世界观、人生观和价值观，对人类社会的发展产生深刻的影响。

在交通和通信都不发达的古代，不同文明之间的交流较少，文明交流的频率很低，对其他文明的了解知之甚少。随着科技的发展，特别是航海技术的进步，人们不断拓展自己探索世界的边界，更多的文明被发现和关注，"如何对待文明之间的差异"越来越成为亟待被正确对待的课题。如果不同的文明之间缺乏充分的交流和对话，那么就有可能因为误解或者偏见带来对抗甚至冲突。古代波斯文明的灭亡就是一个典型的历史悲剧。早在公元前500年左右，波斯文明兴起并不断发展，一直到6世纪，都是独立存在的文明，拥有自己的宗教——琐罗亚斯德教，这个宗教在基督教诞生之前曾是中东地区最有影响力的宗教。但是由于缺乏和其他文明之间的交流，波斯最终被阿拉伯人征服，琐罗亚斯德

---

[1]〔美〕塞缪尔·亨廷顿著，周琦译：《文明的冲突与世界秩序的重建》，新华出版社2012年版，第24—25页。

教也被伊斯兰教所取代，一度非常强盛的波斯文明就此覆灭。由此可以看出文明交流的重要性，不仅在古代如此，在科技发达的现代社会更是如此。在冷战时期，由于美苏两极争霸，阻断了不同文明之间交流对话的可能性，文明交流的重要性没有得到充分的认识，不同文明之间造成了一定的隔阂，对于世界各国的经济文化交流，就带来了一定的负面影响。相反，如果不同文明之间增进对话交流，可以为文明发展带来新鲜的精神滋养，促进文明包容发展。亚洲古老的丝绸之路、茶叶之路、香料之路等商路就是文明交流的有益载体，通过把丝绸、茶叶、香料等输送到商路上的沿线国家，不仅增进了沿线国家的经济贸易往来，促进丝绸、茶叶、陶瓷、香料、绘画雕塑等相互交流，而且更重要的是，增加了沿线国家不同文明之间的交流，扩大了中华文明的影响力，增进了各国人民之间的理解和认同，促进了亚洲文明交流的广度和深度，为亚洲文明的发展注入了生机和活力。

物之不齐，物之情也。世界万物都有其自身的发展规律和独特属性，千差万别的个性才能成就千姿百态的美丽。文明作为人类社会实践的产物，受到不同历史文化传统、地域特色、经济社会发展情况等多方面的影响，不可能存在千篇一律、放之四海而皆准的统一标准。文明多样性是文明发展面临的客观事实，不会因为某个国家或者某种学说的否定而消失。人类文明新形态承认每一种文明独特的存在价值，倡导各国深刻理解不同文明之间的差异性和不可替代性，反对用某一种文明去改造甚至取代其他文明的傲慢行为。冷战结束以后，随着经济全球化发展，世界上越来越多的国家打开国门，经济开放程度不断提高，各国之间相互依存的程度日益加深，不同文明进行交流成为现实的必然选择。加强不同文明之间的交流，不仅有助于消除认知上的隔阂和障碍，帮助人们理解不同文明视角下的生活方式和生产方式，而且有助于拓展更大的市场，推动经济贸易之间的联系，促进经济社会文化各方面的发展。越来越多的国家认识到，文明之间的交流不仅是可能的，而且是必要的。不同的文明之间进行交流与合作，能够促进利益的互惠共赢，推动不同国家经济社会的发展。比如土耳其和北约、美国和沙特等国、墨西哥与美国和加拿大等的文明交流，大大增进了生活在不同文明中的人们的互相理解，加强了不同文明背景之间的国家合作，实现了经济上互利共赢、共同发展。

随着第四次科技革命的兴起，全球的交通和通信条件已经非常便利，世界多极化、经济全球化、文化多样化、社会信息化成为不可阻挡的历史潮流，任何一个文明固守在自己的文明王国中，都已经无法适应时代发展的需要。在科学技术迅速发展的今天，科技成果转化率越来越高，为文明交流提供了越来越便利的条件。以通信为例，截至2022年2月，我国累计建成并开通5G基站150.6万个，建成全球最大5G网络，覆盖全国所有地级市城区、超过98%的县城城区和80%的乡镇镇区。我国5G基站总量占全球60%以上，比上年末提高近1倍。5G网络向各行业定制的网络演进，工业、港口和医院等重点区域已建成超2300个5G行业虚拟专网，逐渐形成适应行业需求的5G网络体系。5G终端用户超过5亿户，占全球80%以上。[①]"足不出户、便知天下"已经成为当今人们生活的现实，互联网的普及和使用有助于消除文明之间的隔阂，随时随地"触网"的科技条件大大加强了不同文明之间的人们的沟通和了解。增进不同文明之间的交流对话，成

---

① 唐维红、唐胜宏、廖灿亮：《移动互联网应用进一步与实体经济融合》，《人民日报》2022年7月4日。

为实现文明在当今时代生存和发展的必修课。越来越多的国家和国际组织重视文明交流带来的积极意义。以亚洲为例,"一带一路""两廊一圈""欧亚经济联盟"等为亚洲国家文明交流提供了平台和机会,各国在科技、教育、文化、卫生、民间交往等领域进行深入而广泛的合作,大大推动了亚洲文明的发展壮大。以文明交流超越文明隔阂,是当今时代每个国家处理文明问题的前提条件,也是尊重文明多样性的必然选择。

(二)以文明互鉴超越文明冲突

文明的多样性为文明交流提供了必要的前提,文明在交流的过程中借鉴其他文明的有益成果,取长补短,促进人类文明的发展进步。每一种文明都有其独特的历史文化传统,凝聚着一个国家和民族的往圣先贤们共同的智慧结晶,有其独一无二的存在价值。一枝独放不是春,百花齐放春满园。只有尊重不同文明千差万别的个性,看到文明之间特殊性和普遍性的辩证关系,才能摒弃以自我为中心的傲慢思维方式,理性、客观地欣赏到不同文明姹紫嫣红的美丽,推动不同文明进行交流对话、互学互鉴。数千年来,不同的文明都在交流互鉴中不断发展进步,促进了一代又一代人对文明的传承和创新。

习近平总书记明确指出:"文明交流互鉴,是推动人类文明进步和世界发展的重要动力。"[1]文明交流互鉴不仅在历史上发挥过重要作用,而且对于推动人类文明未来发展具有不可替代的重要性。自古以来,我国就高度重视文明交流互鉴,以海纳百川的胸怀对待不同的文明,始终充分尊重文明多样性,积极倡导文明交流互鉴,吸收其他文明的优点和长处,克服自身文明中的弊端

---

[1] 《习近平谈治国理政》第1卷,外文出版社2018年版,第22页。

和不足，促进不同文明之间和衷共济、共同发展。中华文明在形成和发展的过程中，始终奉行兼收并蓄的原则，不断借鉴吸收其他文明的精华，形成和而不同的中华文明。佛教传入中国，并逐渐融入中华文明的过程就是生动的例证。佛教作为世界上最古老的宗教之一，产生于公元前5世纪的印度，为印度文明提供了重要的思想资源。大约公元前1世纪，佛教传入我国，中华文明包容了佛教观念的异质性，吸纳了积极因素，使之成为中国化的佛教，不断融入到我国人民群众的生产和生活之中，深刻影响了中国人的思维方式，充分体现了中华文明宽广博大的胸怀。在隋唐时期，通过丝绸之路，中华文明不断接受西方和中亚文明的影响，佛教进一步融入到中华文明之中，呈现出佛教中国化的特点，禅宗一度非常兴盛，佛教、道教和儒教相互借鉴、吸收和融合，构成了中华文明重要的精神底色。中华文明在发展的过程中也吸收了伊斯兰文明的精华。明清时期，一大批精通儒释道经典的伊斯兰学者，把伊斯兰文明和中华文明结合在一起并融会贯通，在保留伊斯兰教特点的基础上吸收了儒家文化的精髓，促进了伊斯兰教的中国化发展，丰富了中华文明的精神内涵。近代以来，随着西方列强打开国门，中华文明受到剧烈的外部冲击。西学东渐、新文化运动、五四运动等，都在寻找中华文明和西方文明的共同点，理解东西方文明之间的差异性，探求中华文明进行现代转型的出路。直到马克思主义和社会主义思想传入中国，科学社会主义的真理力量激发了中华文明的生机和活力。和而不同的中华文明，在历史的发展中不断吸收印度文明、伊斯兰文明、西方文明、马克思主义的精华，为建设中华民族现代文明奠定了丰厚的精神基础，促进人类文明的融合发展。

　　放眼世界，不仅中国高度重视文明互鉴，越来越多的西方学者也认识到文明互鉴的重要性和必要性。美国著名学者塞缪尔·亨廷顿作为文明冲突论的提出者，强调未来世界的冲突将会是文明之间的冲突，认为异质文明之间的矛盾不可调和，不同质的文明进行冲突与对抗在所难免。但是他即便高度强调文明的冲突，也无法否认文明之间存在共性的基本事实。在亨廷顿看来，解决文明冲突的路径，就是承认并接受文明的多样性——也就是文明的个性，并在此基础上去寻求不同文明之间的共性。西方文明由于自身在现代化进程中居于优势地位，对其他文明缺少足够的了解和重视，甚至文明中心论者认为西方文明就是唯一先进的文明，其他文明都是野蛮和落后的文明，需要被西方文明改造。这些以自我为中心的错误论调，不仅造成了文明之间的隔阂，更加带来了文明之间的冲突，甚至由于文明缺乏交流而上升到战争的层面，给生活在其他文明中的人们造成了人为的灾难。只有处理好文明的个性和共性之间的关系，才能解决文明的冲突；而要想处理好文明的共性和个性之间的关系，就需要不断加强文明之间的交流互鉴。在文明交流互鉴的过程中，不断加深对其他文明的理解，更好地尊重不同文明的差异性，在文明发展的过程中求同存异，增进文明之间的团结合作，从而实现文明的长远发展。

（三）以文明共存超越文明优越

文明没有高低优劣之分，只有各自的特色或者地域之别，只有在交流中才能进步发展，从而更好地实现文明共存。从文明优越论到文明共存论，是文明发展进步的必然结果。文明优越论的产生有其深刻的历史根源。在交通条件比较落后、与其他文明交流较少、经济发展相对闭塞的历史时期，由于缺乏和其他文明之间的交流和沟通，对其他文明缺乏了解，容易形成自身文明优于其他文明的片面认知，把自己的文明看作高人一等，而把其他文明看作低劣落后野蛮的象征。但是随着交通和通信条件的改善，文明优越论非但没有得到遏制，反而进一步加强，资本就是背后的始作俑者。随着资本主义的产生并迅速席卷到全球，资本主义文明为了巩固资本在全球的统治地位，宣称自身的文明优于其他文明，并通过国际电影大片、国际学术论坛等隐形的文化输出，改造其他文明使之接受或者成为资本主义文明，从而为资本拓展更大的全球市场，为资本实现无限增殖创造条件。文明中心论的实质是资本中心论，是资本主义文明炮制的意识形态战略输出。新兴经济体的成长和快速发展，壮大了世界上支持和平与发展的力量，国际社会对文明平等交流、包容共存的呼声越来越高，文明共存日益成为世界上各个国家和民族之间的共识。

美国历史学家布鲁斯·马兹利什认为，"文明概念兴起于启蒙运动时期，是欧洲人想象的一部分，它声称为世界提供了一个放诸四海皆准的衡量尺度"[①]。文明优越论的提出和文明概念的产生一样久远，都是西方中心论的产物。西方学者把人群区分为"优等"民族和"劣等"民族，认为自身的制度、种族和文化都比其他民族更为优越，白种人处于文明金字塔的顶端，其次是黄种人，再次是黑人，而"有教养"的英国人、法国人则是"文明社会"的典型代表。这种把文明分为一二三等的狭隘文明观，把西方文明看作最先进最优秀的文明，无视西方文明发展过程中产生的环境破坏、精神虚无、物质膨胀等现代性危机，限制了西方文明的发展，也无法对人类文明未来发展提供有效的应对之策。人类文明新形态，尊重文明的多样性，倡导平等包容互鉴的文明观，以文明共存超越文明优越，尊重不同国家民族的思想文化之

[①]〔美〕布鲁斯·马兹利什著，汪辉译：《文明及其内涵》，商务印书馆2017年版，第7—8页。

间的差别，反对把文明分为高低优劣的错误做法，为破解西方文明发展难题指出了一条新的出路。

习近平总书记指出，企图建立单一文明的一统天下，只是一种不切实际的幻想。①当今世界的文明格局，已经呈现出多元并存的局面，中华文明、西方文明、印度文明、伊斯兰文明等共同绽放在世界文明之园。《礼记·学记》指出，"独学而无友，则孤陋而寡闻"。人类社会存在的每一种文明，都需要在互相学习、互相借鉴中发展和壮大，从而更好地实现多样文明的共存。人类文明新形态倡导文明交流互鉴，对于正确处理不同文明之间的关系、维护世界文明的多样性具有重要意义。习近平总书记强调："人类应该和衷共济、和合共生，朝着构建人类命运共同体方向不断迈进，共同创造更加美好未来。推动构建人类命运共同体，不是以一种制度代替另一种制度，不是以一种文明代替另一种文明，而是不同社会制度、不同意识形态、不同历史文化、不同发展水平的国家在国际事务中利益共生、权利共享、责任共担，形成共建美好世界的最大公约数。"②人类未来发展的方向不是文明之间的冲突和对立，而是多元文明和谐共生，共同构建人类命运共同体。这既是对中华文明协和万邦、天下大同的优秀传统文化的传承和创新，又顺应了和平发展、合作共赢的时代潮流，符合世界各国人民的共同利益，代表了人类文明未来发展的趋势。

---

① 习近平：《弘扬和平共处五项原则，建设合作共赢美好世界——在和平共处五项原则发表60周年纪念大会上的讲话》，人民出版社2014年版，第10页。
② 《习近平谈治国理政》第4卷，外文出版社2022年版，第475页。

三、人类文明新形态的历史地位和世界意义

中国式现代化蕴含的文明观,是一种全新的人类文明形态。中国共产党团结带领中国人民坚持和完善中国特色社会主义,走出了一条非西方式的现代化新路,为人类文明新形态的丰富和发展提供了理论和实践的基础。人类文明新形态,主张吸收借鉴人类创造的一切文明成果,以文明平等论超越西方文明优越论,以不同文明之间的对话交流取代封闭隔阂,以开放包容的态度战胜狭隘的偏见,促进不同文明互鉴共生,奠定了人类文明新形态发展的核心原则,为打破西方文明霸权主义、促进多元文明和谐发展提供了新的思路和实践方案,彰显了中国共产党人的天下情怀,凸显了人类文明新形态的历史地位和世界意义,在人类历史上是一个划时代的里程碑。

(一) 超越资本主义文明

人类文明的发展亟待超越资本主义文明形态的局限性,避免西方现代化出现的现代化问题,实现社会主义文明形态的光辉前景,展现一种未来人类文明发展的新方向。

在当今社会,西方文明的本质是资本主义文明,由资本逻辑主导文明发展进程,以追求资本无限增殖为目标,带来了天人对立、两极分化、片面发展和冲突对抗等严重的社会经济问题。中国式现代化作为人类文明新形态的实践路径,走出了一条不同于西方式现代化的新道路,以实现人的自由全面发展为目标,创造了超越资本主义文明的人类文明新形态,找到了一条以先进政党代表的公权力主导规制和驾驭资本逻辑,并利用市场经济促进经

济发展的中国特色社会主义道路。从本质属性来看，人类文明新形态是社会主义文明形态对资本主义文明形态的全面超越。当然，这种超越不是全盘否定，而是在辩证吸收资本主义文明先进成果基础上的新发展，为完善社会主义文明形态提供了现实的路径。

第一，追求"人与自然和谐共生"的人类文明新形态超越了天人对立的资本主义文明。在资本一味追求利益最大化的过程中，自然资源和自然环境都变成了资本寻求价值增殖的手段，新的科学技术的发明和应用增大了人类对自然的支配能力，资本的人格化代表——资本家毫无顾忌地掠夺自然，使之成为牟利的工具，带来了严重的环境污染、自然资源过度开采、生态环境持续恶化等问题。资产阶级为了自身的利益，给地球母亲带来了不可逆的伤害，却要由共同生活在地球上的所有人共同承担后果。在19世纪二三十年代，肥料的使用大大增加了农场的产量，但是以不合理的方式获取肥料，或者过度使用化肥，都会给自然带来严重的损害。最开始鸟粪是肥料的主要来源，资本主义农场主需要大量进口鸟粪，美国政府为了满足农场主对鸟粪的需求，在19世纪下半叶抢占了几十个海岛，为了获取更多的鸟粪而破坏了海岛的自然生态环境。后来由于磷肥和氮肥的合成，摆脱了对自然肥料的依赖，转而使用化学肥料。但是这些化肥会严重损害土壤中本来就存在的有机物，妨碍植物吸收无机氮，而且过量使用化肥，还会威胁人类和其他生物的生命安全。但是资本家不顾这些恶劣的后果，为了追求农作物的高产量，大量使用化肥，严重损害了土壤的肥力，使得不可再生的土壤资源遭到了破坏，为子孙后代生产农作物埋下了隐患。资本主义文明在资本逻辑的驱使下，为了维护资产阶级的利益而牺牲绝大部分人的利益，只追求眼前当下的资本增殖，不顾人类未来的可持续发展，这样的文明必将被代表大多数人利益的社会主义文明形态所取代。如果细究资本主义文明中人与自然的关系，可以发现人与自然处于紧张的对立状态，自然是人类社会改造和征服的对象，是资本获取价值增殖的原料和手段，这种工具理性的思维方式把自然当成人的附属物，为了满足人类需要可以不顾一切破坏自然、伤害自然。但是人类文明新形态超越了这种狭隘的对立观，认为人与自然不是利用和被利用的关系，而是共处于一个生命体之中，提出人与自然是生命共同体，倡导人与自然和谐相处，强调敬畏自然、尊重自然、顺应自然、保护自然，促进人与自然和谐共生。在具体实践中，中国式现代化创造的人类文明新形态，不仅大力发展生产力，而且克服资本盲目扩张带来的消极作用，坚持科学发展观，坚持节约资源和保护环境的基本国策，推动构建人与自然之间的共同体，走绿色和谐可持续发展的生态文明道路，与资本主义文明"反生态"的资本逻辑形成鲜明的对比。针对经济发展和生态环境保护的关系，我国反对"唯GDP论"，既不能牺牲环境为代价来换取经济发展，也不能为了保护环境而导致经济发展迟滞，而是统筹经济发展和生态环境保护之间的关系，提出绿水青山就是金山银山的"两山论"，把经济发展和环境保护统一于中国式现代化建设的过程之中，为子孙后代留下了宝贵的自然资源财富。

第二，实现"全体人民共同富裕"的人类文明新形态，超越了贫富两极分化的资本主义文明。资本主义文明在资本追求剩余价值最大化的过程中，按照自由竞争的游戏规则，势必带来"大鱼吃小鱼、小鱼吃虾米"的竞争结果，从而产生了资本的集中和垄断，造成财富分配的"二八法则"，即百分之二十的资产阶级掌握百分之八十的社会财富,贫富两极分化严重,人口大多数的无产阶级陷入贫困的、备受资本剥削的生存处境之中,社会撕裂日益严重。人类文明新形态坚持"公有制为主体,多种所有制共同发展"的所有制形式,以全体人民共同富裕为奋斗目标,为消除两极分化提供了制度保障。资本主义文明表面上的平等自由掩盖了事实上的不平等和不自由,究其根源,这是由资本主义私有制度所决定的。追求全体人民共同富裕的文明观,不是停留在一种文明理念的局面,更具有坚定的社会制度保障。它以社会主义公有制为基础,生产资料归全体社会成员所有,每个人都是社会的主人,为实现真正的自由和平等提供了现实的基础。"共同富裕"包含着丰富的内涵,不仅包括物质富裕,而且包括精神富裕,不仅鼓励少数人先富裕,更重要的是实现全体人民共同富裕。这里的"共同"并不是没有差别的平均主义,而是在保证经济增长的基础上,大力发展社会主义市场经济,充分调动劳动者的积极性和创造性,不断解放和提高社会生产力,既发挥好市场这只看不见的手在资源配置中的决定作用,又发挥好政府这只看得见的手在宏观调控中的积极作用,坚持"效率优先、兼顾公平"的原则,为每个人最大限度地发挥自身潜能提供良好的社会环境,不断增强人民群众的获得感、幸福感、安全感,以人的自由全面发展为旨归。资本主义文明在资本逻辑的支配下必然走向国强必霸,但是人类文明新形态倡导平等的文明观,从各国人民的利益出发解决分歧和冲突,提出全球文明倡议,为构建人类命运共同体提供了一种文明实践方案。

第三,"五位一体"协调发展的人类文明新形态超越了片面强调资本增殖的资本主义文明。资本主义文明创造的生产力超过了以往一切历史时期的总和,这种狂飙式的发展速度,在给人类社会带来丰富的物质财富的同时，也造成了片面追求资本增殖、忽视人的精神发展、社会阶层乃至阶级对立严重、民主法治失灵、人与自然关系恶化等沉重的代价。有些人认为，当代资本主义已经发生了深刻的变化，原先把工人当成工具延伸的流水线作业已经被高度自动化的生产技术所取代，很多资本主义国家也推行了福利制度和8小时工作制，确立了人权制度，工人的生存状况得到了大大改善，资本逻辑不再把奴役人作为价值增殖的手段。这些观点只看到资本主义为了缓和阶级矛盾而作出的表面改变，没有看到资本逻辑深刻的运行规律。通过新技术手段的运用，工人被奴役的局面非但没有得到改善，事实上反而在不断加强。资本逻辑通过权力规训、意识形态控制、打造消费社会等新型方式，使得自我增殖变得更加隐蔽和复杂，信息技术、数字经济非但没有成为解放人的工具，反而成为新的变相压迫人的手段，非人的文明发展方向不仅没有变，而且还得到巩固和强化。资本主义文明把人异化为资本增殖的工具，人类文明新形态克服了资本对人的异化，立足于人的真实需求，坚持"以人民为中心"的发展思想，坚持人民至上的最高原则，坚持发展为了人民，发展依靠人民，发展成果由人民共享，摆脱了资本主义文明"见物不见人"的片面发展模式。中国式现代化寻求对资本的扬弃和克服，避免对物的过度依赖，既利用资本和市场来发展经济，提高生产力和生产效率，又通过公权力规范资本和市场行为，克服其弊端。在大力发展社会主义市场经济的过程中，既发挥资本的积极作用，又有效控制其消极作用，以人民至上的逻辑对抗资本至上的逻辑。不同于西方式现代化单纯强调物质文明，追求利润最大化的发展模式，中国式现代化从政治、经济、社会、文化、生态全方位谋划发展，坚持物质文明和精神文明协调发展，反对物质主义、拜金主义、极端个人主义、历史虚无主义等错误的思想潮流，弘扬社会主义核心价值观和社会主义核心价值体系；坚持走中国特色社会主义政治发展道路，全面发展全过程人民民主，全面推进社会主义民主政治制度化、规范化、程序化，推进国家治理体系和治理能力现代化；改善和保障民生，大力推进建设美丽中国。人类文明新形态以包容的文明观为指导，不是片面强调物质文明的文明形态，而是注重物质文明、精神文明、政治文明、社会文明、生态文明协调发展的文明新形态，坚持系统思维统筹"五位一体"全面发展，推进经济发达、政治民主、文化繁荣、社会和谐、生态良好的协调发展，为实现人的自由全面发展打下坚实的基础。

第四，倡导文明交流互鉴的人类文明新形态，超越了主张西方文明中心论和文明冲突论的资本主义文明。互鉴的文明观反对文明优越论，不认为某一种文明高于其他文明，主张不同文明之间交流互鉴。这是以开放的心胸来处理文明差异的最佳方案。资本主义文明为了维护资本在经济全球化过程中的主导地位，炮制出了文明中心论和文明冲突论，把资本主义文明当成唯一的先进的文明，诋毁打压甚至取代其他文明，造成了资本主义文明和其他文明之间的严重对立。深究文明中心论和文明冲突论的思维模式，其本质是个人本位的利己主义观。从自我的个人视角出发，近代英国思想家霍布斯说过，人对人是狼；当代法国思想家萨特说，他人是地狱。这些都是资本主义文明中个人本位的典型思维模式，把自己本身当作目的，而把其他人当作实现自身目的的手段。这种思维方式拓展到人与人的关系、国与国的关系之中，必然带来冲突和对抗，使得国际关系更加紧张和恶化，对于和平发展的国际形势产生潜在的威胁。马克思曾指出，资本来到世间，从头到脚每个毛孔都滴着血和肮脏的东西。资本主义文明的原始积累是建立在殖民侵略的基础上。这种依靠殖民和掠夺实现现代化的野蛮行径，与中华民族传统的和平基因格格不入。中国式现代化创造的人类文明新形态，从思维模式上来说是一种合作共赢的文明观，希望以自身的发展为其他国家的发展带来机会，欢迎其他国家搭中国发展的便车。不同于老牌资本主义国家以殖民侵略的方式完成资本原始积累，中国始终坚持走和平发展道路，独立自主进行经济建设，以和平超越战争，以对话超越对抗，创造了不同于资本主义文明的人类文明新形态。中国式现代化所创造的人类文明新形态，反对零和博弈的霸权思维，倡导平等互鉴的文明观，坚持互利共赢的理念，始终遵循和平发展道路，尊重其他国家选择自身发展道路的自主权，以"协和万邦"的胸怀推动构建人类命运共同体，坚持共商共建共享的原则，不仅从理念上倡导文明交流互鉴，而且从经济合作等方面促进文明交流互鉴落到实处。

（二）为世界其他国家现代化文明探索提供经验和智慧

在西方文明中心论者看来，现代化文明就是西方文明的复制和翻版。这种无视其他文明自身特质的观点，已经不再适应时代发展的需要。《中共中央关于党的百年奋斗重大成就和历史经验的决议》指出，党领导人民成功走出中国式现代化道路，创造了人类文明新形态，拓展了发展中国家走向现代化的途径，给世界上那些既希望加快发展又希望保持自身独立性的国家和民族，提供了全新选择。[①]中国式现代化打破了"现代化=西方化"的神

---

① 《中共中央关于党的百年奋斗重大成就和历史经验的决议》，《人民日报》2021年11月17日。

话，拓展了世界现代化的历史图景，为发展中国家独立自主发展现代化提供了一种新的可能性选择，为其他国家正确处理传统文明与现代文明的关系贡献了中国智慧。西方学者炮制了现代化就是西方化的理论陷阱，把工业革命以来的资本主义文明发展作为现代化的唯一模板，强调资本主义文明的优越性，其背后的深刻用意在于说明西方资本主义国家制度、资本主义现代化道路的先进性，把其他较为落后的发展中国家变为自身的附庸，以牺牲其他国家的发展机会和人民生活幸福为代价，巩固不公正不合理的国际政治经济旧秩序，维护资本在全球范围内的主导地位。只要稍加考察历史事实就会发现，但凡照搬西方现代化模式的国家，几乎全都陷入了政治混乱、社会秩序失灵、经济快速滑坡的困境。反观中国式现代化的快速发展，实现了政治社会长期稳定和经济快速增长的人间奇迹，从一穷二白一跃成为世界第二大经济体，最重要的一条经验就是坚持独立自主。无论国家的大小强弱，世界上各个国家和民族都可以根据自身的国情和历史文化传统，去选择适合本国的现代化发展道路，独立自主，自力更生，共享人类社会现代化发展的红利。中国式现代化根据本国国情制定适宜的发展战略，吸收借鉴其他现代化道路的有益经验但是绝不盲从照搬，根据时代条件的变化及时调整政策，坚持解放思想、实事求是、与时俱进，坚持"一个中心、两个基本点"的基本路线，始终把关注点放在做好自己的事情上，既没有殖民掠夺，也没有发动战争侵略，而是依靠自身的力量谋求发展，建设中华民族现代文明，为发展中国家独立自主走向现代化、摆脱西方国家的制约、探索符合自身需要的现代化文明起到了很好的示范作用。

中国式现代化既没有完全遵循经典马克思主义现代化的模

板，也没有变成其他社会主义现代化的再版，更加没有成为西方现代化模式的翻版，而是把马克思主义和中国具体国情相结合，借鉴吸收人类现代化发展的一切优秀成果，走出了一条中国特色社会主义现代化道路，推动了现代化的理论和实践创新，完成了中华民族从传统到现代的华丽蜕变。中国式现代化为其他发展中国家提供现代化建设的成功经验，并不是要把其他国家变成另一个中国式的现代化，而是鼓励各国人民探索适合本国国情的现代化道路，并不是向其他国家输出现代化的模板，而是与其他国家共享现代化发展的历史机遇，谋求人类社会的共同发展。中国式现代化拒绝走西方现代化走过的殖民侵略的老路，反对各种形式的霸权主义和强权政治，以社会主义现代化建设的道路来维护人民群众的各项权益，反对资本主义现代化对人的异化所带来的种种危害，坚持用马克思主义的立场观点方法来分析和解决时代问题，把握和引领时代发展，为解决人类面临共同的现代化危机提供了新的思路。在人类反贫困事业上，中国式现代化打赢脱贫攻坚战，完成脱贫攻坚任务，解决了困扰中国数千年的绝对贫困问题，并在此基础上聚焦解决发展的不平衡和不充分问题，不断满足人民群众对美好生活的向往，有效规避了西方式现代化造成的社会阶层撕裂、两极分化等问题，为世界其他国家消除贫困、实现发展提供了中国经验，在人类反贫困事业上留下了浓墨重彩的一笔。

现代化文明不同于传统的农业文明，它是建立在工业文明基础上的文明形态。但是，对于正在谋求发展的其他发展中国家而言，农业文明、工业文明、信息文明共同出现，不再是单一文明的发展演进，而是多种文明的协同发展。可以说，"并联式"发展是当今社会交给所有发展中国家的一道考题，如何在工业化、信息化、城镇化、现代化同步前行的过程中处理好彼此之间的关系，如何利用好科技发展的最新成果实现后来居上，如何避免先发国家在现代化过程中出现的各种问题，这些都关系到发展中国家在走向现代化进程中秉持怎样的文明观。习近平总书记指出："我国现代化同西方发达国家有很大不同。西方发达国家是一个'串联式'的发展过程，工业化、城镇化、农业现代化、信息化顺序发展，发展到目前水平用了二百多年时间。我们要后来居上，把'失去的二百年'找回来，决定了我国发展必然是一个'并联式'的过程，工业化、信息化、城镇化、农业现代化是叠加发展的。"①改革开放以来，我国坚持"引进来"和"走出去"相结合，与国际社会相接轨，积极吸收借鉴一切人类文明的有益成果，发展社会主义市场经济，积极投身时代发展的浪潮，加强党的全面领导，注重避免先发现代化国家在现代化过程中出现的政治失灵、生态环境破坏、精神虚无等方面的问题，借助每一次科技革命的最新成果，充分发挥后发优势，在并联式发展的机遇下努力实现"弯道超车"，这些都离不来对话包容的文明观的功劳。如果一味地闭关自守，是无法适应快速发展、互联互通的现代生活的。只有开放包容，才能实现共赢发展。我国奉行互利共赢的开放战略，立足新发展阶段，推动构建新发展格局，促进国内市场和国际市场双循环，在实现自身发展的同时，欢迎其他国家搭上中国发展的快车道，让自身发展惠及更多的国家和人民。中国式现代化在并联式发展的过程中，走出一条新型工业化道路，以工业化带动信息化，信息化提升工业化，大力推动新型工业化、信息化、城镇化、农业现代化同步发展，推动形成工农互促、城乡互补、协调发展、共同繁荣的新型工农城乡关系，为发

---

① 《习近平关于社会主义经济建设论述摘编》，中央文献出版社2017年版，第159页。

展中国家破解时代难题、建设符合国情的现代化文明，提供了中国智慧和中国方案。

（三）拓展了实现全人类共同价值的路径

中国式现代化创造了人类文明新形态，倡导和平、发展、公平、正义、民主、自由的全人类共同价值。全人类共同价值是站在全人类根本利益的立场上提出的新型价值观，是中国人民和世界各国人民共同创造美好未来的价值选择。全人类共同价值不是某个或某些国家的价值，不是某些群体、某些人的价值，不是经济利益的或政治诉求的价值，它的主体是"全人类"，应该从关乎人类这个物种、关乎人类社会历史进程的角度来理解。需要注意的是，这里的共同价值并不是没有差别的完全一致的价值，而是内在地包含了多元文明的新型价值观，是平等对话、包容互鉴文明观所倡导的共同价值。当今世界已经成为一个丰富多彩、多元多样的整体，任何一个文明都难以在封闭孤立的环境中发展，文明冲突和隔阂已经被扫进历史的垃圾堆，不同文明的交流互鉴越来越密切，交通、通信的便利以及经济贸易的往来使得世界变成一个"地球村"，人类社会逐渐形成一个利益共同体、命运共同体，这是不可逆转的历史潮流，这种历史发展趋势客观上要求产生一种代表人类美好未来的共同价值追求。

人类文明新形态倡导的全人类共同价值，不仅不同于西方国家宣扬的普世价值，而且更是对普世价值的超越。普世价值认为有超越具体国家民族价值观之上的统一的价值观，并试图用这种统一的价值观去改造其他国家或者民族的价值观，其本质是西方资产阶级的意识形态在价值观中的体现，资本主义国家企图通过推行普世价值来推行资本主义制度，从而达到颠覆其他国家政权、实现资本主义全球化的目的。全人类共同价值则站在中性的立场上，反对任何意识形态的控制，反对用某种特定的价值观包揽一切国家和民族的价值观，尊重不同国家和民族的历史文化传统及价值观，并在此基础上承认全人类具有共同的价值理念和追求，坚持各个国家和民族的价值观的特殊性和全人类共同价值的普遍性的辩证统一。人类文明新形态充分尊重文明的多样性，尊重不同国家历史文化制度和发展水平的差异，尊重不同国家和地区选择自身发展道路的权利。从"布拉格之春"可以看到，一些西方国家在传播普世价值的同时打着自由和民主的幌子，不顾当地的实际情况，一味推行资本主义制度，造成社会动荡，人民饱受苦难，如叙利亚、伊拉克均是西方民主输出的失败案例。事实上，民主和自由不是脱离具体国情的抽象的民主和自由，而是有着具体的历史地域文化特色的民主和自由，每个国家要根据自身的实际情况去践行民主和自由的价值观，而不是统一使用西方资本主义的民主自由模式，只有这样才能真正实现人类文明的进步。

全人类共同价值是文明交流互鉴的结果，它的出场顺应了人类历史发展进程，体现了历史发展规律的必然要求，引领了人类文明发展的未来。习近平总书记深刻指出："和平与发展是我们的共同事业，公平正义是我们的共同理想，民主自由是我们的共同追求。"[①]和平、发展、公平、正义、民主、自由六个价值不是彼此分离、互不关联的，也不是简单堆砌、杂糅拼凑的，而是有着严密的逻辑关系。共同事业、共同理想、共同追求的定位，是对人类文明新形态倡导的全人类共同价值内在逻辑的明确定位。和平、发展、合作、共赢是当今时代的主题，谋和平、促发展是

---

① 《习近平谈治国理政》第4卷，北京：外文出版社2022年版，第475页。

各个国家面临的共同事业。中国式现代化坚持独立自主的和平发展道路,为实现世界的和平和发展贡献了重要力量。公平正义是人类自古以来的理想。不同的社会制度和意识形态,对公平正义有不同的解读。不同于西方资本主义国家口号宣传公平正义,但事实却出现贫富两极分化的现状,中国式现代化为实现社会的公平正义提供了现实的基础。不同于资本操纵下的金钱政治、选举民主,全过程人民民主创新了人类社会真正实现民主的路径,确保人民群众当家作主的地位,充分保障人民群众的各项权利和自由。全人类共同价值是在尊重客观真理的基础上、顺应历史进程所提出的价值理念,它尊重资本主义与社会主义两种制度、两种意识形态之间存在较量的客观事实,在"两制并存"的时代条件下引领人类社会的发展和进步。如果说人类文明新形态反映了中国对人类社会文明走向的基本判断和基本追求,它是在世界百年未有之大变局下面对全球性问题、世界性难题提出的中国方案。那么,人类文明新形态必须有可供遵循的共同价值理念。全人类共同价值的弘扬,正是对人类文明新形态中核心价值的精准提炼,有利于增强人类文明新形态的国际传播力、阐释力和影响力,从而深入推进人类文明新形态的发展。

(四)丰富和发展人类文明新形态,为人类文明进步事业作出更大贡献

中国式现代化创造的人类文明新形态,不是完成时,而是进行时。坚持平等对话、包容互鉴的文明观,是丰富和发展人类文明新形态的前提和基础。文明观是文明形态的内核,只有坚持正确的文明观,才能保证文明新形态的发展走在正确的道路上。在从传统社会向现代社会转型的过程中,中国作为后发现代化国

家，没有被西方式的现代化绑架，也没有照搬照抄苏联的社会主义现代化模式，而是根据本国国情走出了一条中国式现代化道路。在进一步完善人类文明新形态的过程中，要秉持开放包容的心态，坚持实事求是的原则，把马克思主义基本原理同中国具体实际相结合，同中华优秀传统文化相结合，积极利用一切先进的文明成果。

不断丰富和发展的人类文明新形态，不是片面发展物质主义文明，而是"五位一体"协调发展的文明；不是人类征服自然的工业文明，而是人与自然和谐共生的信息文明；不是传统与现代相割裂的单向度文明，而是立足中华优秀传统文化创造性转化和创新性发展的新型文明。进入新时代以来，中国早已不再是近代那个备受屈辱的半殖民地半封建社会，而是经济政治文化社会生态等全方面发展、综合国力不断提高的东方大国，正在日益走近世界舞台中央，成为世界社会主义发展的中流砥柱，中国式现代化及其创造的人类文明新形态必将对人类文明进步产生重要而深刻的影响。在不断推进中国式现代化深入拓展的过程中，丰富和发展人类文明新形态，超越非此即彼的零和博弈思维和国强必霸的西方现代化模式，实现不同文明的共存共荣、共同发展，对于人类文明的发展进步具有重要的理论和实践意义。

从世界社会主义500年的历史视野中，看待中国式现代化创造的人类文明新形态，可以看出马克思主义关于资本主义基本矛盾的判断至今没有过时。资本主义制度无法克服其自身的固有矛盾，经济危机周期性爆发。从金融危机以来，资本主义国家的发展始终低迷，新冠疫情更是给世界经济发展雪上加霜。当今世界，资本主义处于发展的衰退期，而社会主义的中国呈现出"风景这边独好"的发展态势，预示了社会主义的发展潜力。放眼全球，在资本主义和社会主义两种制度两种意识形态并存的今天，西方之乱和中国之治形成鲜明的对比。中国式现代化创造的人类文明新形态，充分发挥了马克思主义的真理力量，激活了中华文明进行现代转型的内在潜力，彰显了科学社会主义的科学性和道义性，使得两制并存的局面逐渐出现了有利于社会主义的转变，深刻影响了世界社会主义的历史进程。随着时间的推移，人类文明新形态的世界意义会更加清晰地呈现出来。继续坚持和完善中国式现代化道路，丰富和发展人类文明新形态，是中国共产党人对人类文明发展的历史担当，也是人类文明发展规律的必由之路。面对西方式现代化带来的现代性危机、全球化问题、生态环境破坏等时代课题，中国式现代化创造的人类文明新形态指明了人类未来发展的出路和选择，中国以自身政治经济社会文化生态全面发展的事实宣告了科学社会主义的真理性，为世界上其他渴望独立发展实现现代化的国家提供了不同于西方式现代化的全新选择。

在全面建设社会主义现代化强国的新征程中，中国式现代化继续统筹中华民族伟大复兴战略全局和世界百年未有之大变局，立足新发展阶段，贯彻新发展理念，打造新发展格局，实现高质量发展，在新的历史起点上扬帆起航，坚持和发展中国特色社会主义，不断壮大世界社会主义力量，推动人类文明向着"每个人自由而全面发展"的目标迈进，为人类文明发展作出更大的贡献。

后　记

　　中国式现代化蕴含的文明观深深植根于中华文明沃土之中。中国式现代化是在中国这片土地上产生的现代化，既有现代化的一般特征，更具有中国特色，是以中华文明5000多年发展史为底蕴的现代化，承载着中华民族孜孜不倦的精神追求。中国式现代化蕴含的文明观必定在世界文明百花园中绽放异彩。中国式现代化立足于人类文明多样性，遵循人类文明发展规律，尊重各国选择符合各自国情的现代化道路。同时，中国式现代化反对西方文明中心论，反对西方文明优越论，弘扬中华文明"和而不同"的古老智慧，秉持开放包容的气度和胸怀，充分吸收人类一切优秀文明成果，在中外文明的平等交流中促进中华文明的不断发展壮大，努力建设中华民族现代文明。中国式现代化道路，打破了资本主义现代化的"神话"，重构了世界现代化的整体图景，实现了人类文明发展史上的深刻变革，具有原创性贡献。

　　本书是在深刻把握二十大精神及习近平总书记关于中国式现代化重要论述的基础上，力图揭示中国式现代化蕴含哪些独特的文明观，深入思考中国式现代化与中华传统文明、与世界其他文明、与人类文明新形态是什么关系，以及中国式现代化在人类文明发展史上具有怎样的历史地位和世界意义等一系列重大理论与实践问题。由于中国式现代化蕴含的文明观是一个十分宏大的论题，本书所作的探讨还是初步的，期待学界对这一重大论题的研究越来越深入。

  感谢中共重庆市委宣传部、重庆出版社"中国式现代化'六观'丛书"的选题策划，感谢他们组织了数次研讨会使研究的问题越来越清晰。特别感谢丛书主编、中共重庆市委常委、宣传部部长姜辉同志，他不仅统筹策划六本丛书的大框架，还亲自参与研讨审定每一本书的写作框架，并且提出详细的写作要求和宝贵的指导意见，使我们明确了写作提纲和写作思路。感谢所有为本书出版付出辛勤劳动的同志！

作者写于 2023 年 9 月